强国的逻辑

跟总理学经济

路大虎◎著

QIANGGUO DE LUOJI

GEN ZONGLI XUEJINGJI

中共中央党校出版社

图书在版编目（CIP）数据

强国的逻辑/路大虎著．—北京：中共中央党校出版社，2016.5

ISBN 978-7-5035-5847-4

Ⅰ.①强…　Ⅱ.①路…　Ⅲ.①中国经济-经济发展-研究　Ⅳ.①F124

中国版本图书馆 CIP 数据核字（2016）第 083851 号

强国的逻辑——跟总理学经济

责任编辑　曲　炜　楚双志
版式设计　尉红民
责任印制　王洪霞
责任校对　马　晶
出版发行　中共中央党校出版社
地　　址　北京市海淀区大有庄 100 号
电　　话　（010）62805830（总编室）　（010）62805821（发行部）
（010）62805034（网络销售）　（010）62805822（读者服务部）
传　　真　（010）62881868
经　　销　全国新华书店
印　　刷　三河市华润印刷有限公司
开　　本　700 毫米×1000 毫米　1/16
字　　数　185 千字
印　　张　14.25
版　　次　2016 年 6 月第 1 版　2016 年 6 月第 1 次印刷
定　　价　36.00 元

网　　址：www.dxcbs.net　**邮　　箱**：cbs@ccps.gov.cn
微 信 ID：中共中央党校出版社　**新浪微博**：@党校出版社

前　言

一

未来世界，唯一能确定的，就是充满不确定性；唯一不变的，就是变化；唯一能预测的，就是很多事物越来越难以预测。

在给很多企业家和政府领导干部讲课时，我常常会分享给大家一个洞悉未来的好方法：在大变革时期，面对纷繁复杂的世界，穿透经济的、政治的、社会的、文化的迷雾，看清未来的最佳途径，就是对碎片化和热点事件进行分析，尝试找寻出表层背后深层次蕴含的价值和脉络，而这条脉络，很可能就是通向未来之途。

供给侧改革、创新驱动战略、“五大发展理念”、中等收入陷阱、合理区间、市场的手、城镇化、营改增、地方债务、产能过剩、法治精神、收入差距、国家治理体系治理能力……这些专业人士了然于胸的概念、中国经济领导层口中的热词，有什么深层次的内涵，对每个企业、对政府机关及其公务人员，乃至对每一位老百姓，到底意味着什么？他们之间有着怎样的逻辑和内在关联？我们每一个中国人，将迎来怎样的危机、面临何种鸿沟？谁能成为下一波财富大潮的主角？把十七个核心概念模块（见本书目录），或者说总理改革关键词拼接在一起，形成一幅完整的路线图，从中洞悉未来五年、十年，甚至几十年发展基点和脉络，让每一位中国人找到自己未来的位置和方向，正是本书希望呈现的。

扁鹊见蔡桓公，立有间。扁鹊曰："君有疾在腠理，不治将恐深。"桓侯曰："寡人无疾。"扁鹊出，桓侯曰："医之好治不病以为功。"居十日，扁鹊复见，曰："君之病在肌肤，不治将益深。"桓侯不应。扁鹊出，桓侯又不悦。居十日，扁鹊复见，曰："君之病在肠胃，不治将益深。"桓侯又不应。扁鹊出，桓侯又不悦。居十日，扁鹊望桓侯而还走。桓侯故使人问之，扁鹊曰："疾在腠理，汤熨之所及也；在肌肤，针石之所及也；在肠胃，火齐之所及也；在骨髓，司命之所属，无奈何也。今在骨髓，臣是以无请也。"居五日，桓侯体痛，使人索扁鹊，已逃秦矣。桓侯遂死。(《韩非子·喻老》)

对中国问题的认识，也有三个层次。初看是经济问题，确实是，无论全球危机，还是中国目前现状，直接表现出来的就是经济状况，所以很多政策直接刺向经济顽疾，但这或许只是医治"腠理"；如果再深层考察，是政治体制、行政体制问题，但这或许是"肠胃之疾"；而究其根本，在于深植中国数千年，特别是近几十年来的社会基础、文化生态、国家精神、国民心智资源。而对总理讲话和报告中的关键词深层次分析，对《中共中央关于全面深化改革若干重大问题的决定》和习近平总书记所作的说明深层次分析，以及对《中华人民共和国国民经济和社会发展第十三个五年规划纲要》深层次分析，我们注意到，未来的变革，已经不仅仅是一场经济改革，而是一场深入中华文明骨髓的再塑国家、重建社会、新启民智伟大的社会进步运动；增强的，不仅是道路自信、理论自信、制度自信，更是文化自信、心智自信。

二

实验者把10个孩子关在一间屋子里，对孩子们说，我要出去一会儿，桌子上的棉花糖，是给你们吃的，但现在不能吃，要等我回来。如果谁吃了，作为惩罚，我不再给他新的，如果谁能等我回来，我将奖励他两块新棉花糖。家长离开后，有的孩子已经迫不及待地拿起了棉花糖；有的孩子垂涎欲滴，在桌子边绕来绕去，终于忍不住舔一口；只有极个别孩子能抵住诱惑，而且主动带领其他小朋友做游戏、唱歌，来转移对棉花糖的注意力。

实验者将屋子里发生的状况记录在案，并对10个孩子跟踪实验，数十年后，发现成功迈向社会，成为政商领袖的，恰恰是抵制住棉花糖诱惑的孩子；而着急吃掉棉花糖的孩子，或者吸毒、住进监狱，或者失业、离婚，穷困潦倒，生活混乱不堪，不尽如人意。

这就是著名的“棉花糖实验”。这个故事告诉我们，要有耐心，要勇于抵制住眼前暂时的利益、诱惑和冲动，要学会延迟享受。太着急吃掉眼前的棉花糖，等于吃掉未来。

世界范围内，政治家和经济学家们都习惯了各种刺激政策；打个喷嚏就下猛药；太习惯用激素，吃减肥药、增肥剂；太注重短期利益和短期刺激，当然这和国外的政党选举政治和国内的政绩考核方式有直接关系。而在这个瞬息万变、躁动不安的时代，我们最需要的或许就是棉花糖思维，需要舍弃小集团利益和眼前利益的勇气，需要“民为本、行大道、利天下”的担当；需要站在未来看现在的眼光，需要有大胸怀、大视野、敢于牺牲精神的政治家和政策制定者。这对中国，对中国高层，对中国老百姓，都是一个考验。要想上山，先要下山；要想跳得更高，必须先蹲下。而在中国高层新一轮改革思维中，包括党的十八届三中全会通过的《中共中央关于全面深化改革若干重大问题的决定》和2013年12月13日结束的中央经济工作会议，我们读到了“棉花糖”式的思维如去杠杆化、合理区间、公共服务体系、法治经济、守住底线等等，读到了从国家治理体系和治理能力的战略制高点来构建未来社会的战略设计和战术推进。

从某种意义上说，改革，首先是思维、理念、心理、文化的改变。观念决定格局、思路决定出路、文化决定发展、心态决定成败，这或许才是真真正正的中国改革的战略预备。

三

各界在热议这一代领导层经济政策时，谈得最多的就是里根经济学、哈耶克、供给经济学。笔者在查阅相关资料时，却忽然想到了一个看似风马牛不相及的禅宗公案：

小和尚整天和同伴讨论一个问题：我在瓶子里养只鹅，鹅越长越大，长得比瓶口还粗。怎么让鹅出来，又不会打碎瓶子呢？某日，师父实在看不下去了，大喝徒弟名字：“你，出来也！”徒弟恍然大悟。

任何一场改革和进步，都不单纯是某种学说的胜利，也不简单是某项政策的成功。这是我们在思考里根经济学、思考哈耶克、思考供给经济学，乃至思考诸多问题时应该注意的基本方法论。我们对历史、对现实的分析和思考，往往会趋于简单化和主观化。“里根改革”和放在解剖台上（结合那个禅宗公案，也可以称“瓶子里的里根经济学”）的“里根经济学”可能是两回事；里根经济学和当前中国推动的经济改革政策也不能简单相提并论。

同样，绝不能把当下的中国经济改革放在瓶子里或者解剖台上去考察。“五位一体”总体布局、“四个全面”战略布局和五大发展理念，这是一场没有先例的改革，所有的理论都伴随着实践的发展而发展。

目　录

第一篇　稳增长：培育新常态下的经济增长新动力

第二篇　调结构：供给侧结构性改革驱动中国全面转型升级

第三篇 控风险：突破瓶颈，化解危机，提升系统性抗风险能力

第四篇　惠民生：保护和共享社会经济发展果实

第一篇

稳增长：

培育新常态下的经济增长新动力

第一章　供给侧结构性改革

我们将在适度扩大总需求的同时，着力加强结构性改革，尤其是供给侧结构性改革，通过改革消除制约发展的一切束缚，激发亿万人民的澎湃创造力，让新动能茁壮成长，让传统动能焕发生机，为我国经济发展行稳致远蓄势增能。

——2016 年 2 月 6 日　李克强总理在 2016 年春节团拜会上的讲话

在适度扩大总需求的同时，突出抓好供给侧结构性改革，既做减法，又做加法，减少无效和低端供给，扩大有效和中高端供给，增加公共产品和公共服务供给，使供给和需求协同促进经济发展，提高全要素生产率，不断解放和发展社会生产力。

——2016 年 3 月 5 日　李克强总理《政府工作报告》（2016 年）

【导读】

2015 年 11 月 10 日，在中共中央财经领导小组第 11 次会议上，习近平总书记首次提出了“供给侧结构性改革”，称“在适度扩大总需求的同时，着力加强供给侧结构性改革，着力提高供给体系质量和效率，增强经济持续增长动力”。李克强总理在“十三五”《规划纲要》编制工作会议上强调，要在供给侧和需求侧两端发力促进产业迈向中高端。之后一段时间，中国高层多次在不同场合提到供给侧结构性改革，《人民日报》专门以“七问供给侧结构性改革——权威人士谈当前经济怎么看怎么干”为题刊发长文。为什么要进行供给侧结构性改革？谁给我们提供了经验教训？如何开展供给侧结构性改革？这是本章试图回答的问题。

一 为什么从需求转向供给

从20世纪90年代中期开始，我国逐渐接受凯恩斯主义的总需求不足理论，采用需求拉动刺激经济增长。为什么此刻开始提“供给端”？答案是，经过接近20年的需求拉动后，需求管理明显已经不适应我国经济发展的需要。

首先，需求管理用到了极致，副作用日益显现，继续刺激需求，只能原地踏步走滞胀了。1998年亚洲金融危机导致出口不足，国内经济增长压力骤然增大，我国就开始实践凯恩斯主义的需求管理，朱镕基总理在任时推进了农产品收购、基础建设投资、住房改革、医疗产业化和教育产业化，无一不是从需求侧下功夫。10多年来，需求侧管理为我国经济的平稳增长发挥了重大作用，但弊端也日益显现。“四万亿”可以看成我国需求管理的巅峰，虽然使中国短时间内走出了金融危机的阴影，但需求刺激政策明显出现了副作用。以投资为主的需求拉动造成了传统行业的产能过剩。本书第十二章专门谈“产能过剩”，本处不再赘言，“四万亿”刺激政策对产能过剩起到了推波助澜的作用，本应在2008年就开始的“去产能”往后推延数年，整个市场的预期被政府政策打乱，饮鸩止渴下的新一轮产能扩张大大增加了“去产能”的难度。除了产能过剩，“四万亿”刺激计划严重阻碍了产业升级。传统行业政策性兴旺导致企业进取精神不足，无心转型升级，等到了经济下行不得不转型升级时，企业和地方政府都发现，原本可以用于产业升级的资金变成钢筋水泥的厂房和生产钢筋水泥的过剩产能，已经无力转型升级。与刺激政策配套的是大量的银行贷款资金，由于当时刺激政策下建立的产能大多亏损，这部分银行资金已经逐渐形成坏账，银监会公布的商业银行坏账率连续3年上升，与当年的刺激政策关系密切。

其次，供给和需求不再匹配，人民需要的是精神享受，供给再多的钢筋水泥都没用。凯恩斯主义是宏观经济学的范畴，基本假设是不考虑微观上供给和需求是否匹配的问题。改革开放初期，中国人挣扎于温饱线上，因此农业和轻纺织业需要大力发展；到了20世纪90年代中期，人民的温饱需求已经得到满足，轻纺织业的供给无法和需求匹配，就成为过剩产能。此时，无论采取何种刺激政策，居民也不可能把增加的收入分配到衣服和食品消费中。《朱镕基讲话实录》中，朱镕基同志在多个全国性经济会议上要求压缩轻纺织业产能，甚至“砸锭”。在2000年左右，中国正式进入耐用消费品，如家电、汽车、房子等的消费高峰期，企业也围绕这些领域形成供给能力，而扩张耐用消费品的生产本身又大大增加钢铁、水泥、平板玻璃、有色金属等的需求。此时，供给和需求是匹配的，当居民缺乏收入无法消费时，政府扩大需求自然是有效的。然而，时间又已经过去了15年，根据国际经验，中国居民耐用消费品的需求也差不多到了尾声，此时居民需求已经转变为精神层面，如教育、旅游、娱乐消费等。举个例子，10多年前，人们买房子主要是为了居住，考虑的因素主要是面积、户型、朝向等等，如今买房子主要考虑生活品质了，考虑的主要因素已经变成出行的便捷和房子的学区了。此时再于需求上做文章，居民是不可能买账的。比如，无论多少刺激政策，居民都不太可能在三四线城市的偏远地方购房，但肯定愿意为良好的教育埋单。

最后，经济的增长归根结底是供给的增长。需求和供给是经济的两个方面，无论是供过于求，即大量的生产能力闲置，还是供不应求，即居民的需求得不到满足，都是经济出现了问题。需求管理的理论基础是凯恩斯主义，基本的理论框架是，由于居民的边际消费倾向和投资的边际效率，需求一定是小于供给的，会有大量的产能闲置，因此，政府扩大居民的需求就是在利用闲置产能，可以在不引起物价变化的同时促进经济增长和充分就业。凯恩斯主义的观点在经济学界是有巨大争论的，部分经济学家认为凯恩斯主义至多只能适用于短期，而长期的经济增长是经济发展理论的任务。从宏观经济学上说，经济增长本质上是社会生产可能性曲线的外移，而从哈罗德—多玛模型到索罗模型，都注重储蓄，即投资形成新的生产能力。以中国为例，虽然在 20 世纪 90 年代和新世纪的部分年份里，由于供过于求，政府可以通过刺激需求促进经济增长，但放在大历史的视野下，从 1979 年改革开放到现在，中国经济的增长、“世界工厂”的称号、世界第二大经济体的地位根本上还是由于生产效率的提升。

二 发达国家是怎么做的

20 世纪 80 年代，美国、英国开始实行一系列被称为“里根—撒切尔经济学”的经济政策，如减税，增加企业用工弹性，减少员工福利，改革国有企业和公用事业，和我们今天所谈的供给侧结构性改革有类似的地方。借鉴美国、英国当年改革经验，对我们理解供给侧结构性改革有相当的帮助。

“里根—撒切尔经济学”的时代背景是西方国家普遍经济滞胀。以美国为例，一方面，通货膨胀率持续高涨，CPI 从 1976 年的 6% 一直上升到 20 世纪 80 年代底的 13.5%，高通胀极大地增加了经济的不确定性，带来工资—物价螺旋式上涨；另一方面，美国经济的增长率一直下滑，最低时仅为－0.2％，失业率则高达7％。经济的结构性问题更是严重，一是面临国外的竞争，美国国内商品的竞争力下降，出现产能过剩；二是个人所得税和企业所得税居高不下，抑制了私人部门投资和生产的热情；三是政府对经济、价格存在过度干涉，企业经营效率低下。英国面临的问题与美国相似，过高的福利和大规模的国企削弱了英国的竞争力，整个社会缺乏有效率的供给，总需求的扩张只能带来通胀。

"里根—撒切尔经济学"的核心在于对凯恩斯主义的纠正。凯恩斯主义注重财政政策，强调货币政策在危机时的"流动性陷阱"，而"里根—撒切尔经济学"重视货币的作用，信奉货币主义的"所有通货膨胀都是货币问题"；凯恩斯主义注重需求，强调需求创造供给，而"里根—撒切尔经济学"注重供给，认为增大供给是提高生活水平的唯一方法；凯恩斯主义强调市场无法自由调节，因此政府必须干预，"里根—撒切尔经济学"则重视市场的自发作用，力图将政府的干预降到最低。这三项基本政策取向就是"里根—撒切尔经济学"的三条主线。

控制货币是"里根—撒切尔经济学"第一项任务。根据宏观经济学中的菲利普斯曲线，失业和通货膨胀存在替代关系，即高通货膨胀率可以带来低失业率，反之低通货膨胀率则以高失业率为代价。民众当然不喜欢失业，所以，二战后的多年里，政客们为讨好选民，一再使用货币政策刺激经济，降低失业率。结果，多年的货币刺激后，到了20世纪70年代，绝大多数发达国家都陷入了通货膨胀之中。货币主义者弗里德曼提出了和凯恩斯主义完全不一样的理念，即长期里通货膨胀率和失业率完全没有关系。里根和撒切尔夫人都相信货币超发是通货膨胀的唯一原因，因此分别在各自国内推行了控制货币的政策。里根总统任命保罗·沃尔克为美联储主席。上任第八天保罗·沃尔克就宣布，把联储基金利率提高50个基点到11%，再过两天又宣布把贴现率提高5个基点到10.5%。在1981年夏秋之际联邦基金利率攀上了顶峰——19.1%。美国的通货膨胀应声而降，1981年降为6.5%，1983年降到4%以下。在英国，英格兰银行制定了两套控制货币的系统，一套是中期控制系统，主要是通过财政政策限制公共部门借款控制货币目标，另一套是短期控制系统，主要是通过货币政策影响短期利率水平控制货币供给量。在严格的控制下，1980年英国短期利率达到13.6%，1981年更是达到创纪录的16%。通货膨胀也应声而落，1980年和1981年通货膨胀都达到了两位数，分别为19.7%和11.5%，但从1983年开始就在5%上下徘徊了。

提高供给是“里根—撒切尔经济学”的另一个重要政策。凯恩斯主义认为，经济中需求决定供给。这种观点在20世纪30年代确实合理，大萧条下很多生产设备处于闲置状态，很多人也失去工作，社会确实可以满足任何需求而不产生额外的影响。但这种观点放在70年代就显得不合时宜了。短期内一个社会的生产力是有限的，加之70年代罢工频繁，实际上各个国家的供给能力是变弱的，此时无论何种刺激消费的政策都不会带来经济的增长。里根和撒切尔夫人采取了一系列的措施增强本国的社会生产能力。里根总统的《经济复兴计划》大幅消减了税收，缩短了企业固定资产的折旧期。《计划》规定，个人所得税分阶段削减25%，企业的新建厂房和住宅的折旧期由40年缩短为15年和18年，机器折旧期缩短为5年。减税计划使得居民更有动力工作，也更有能力消费和投资，缩短折旧期则提高了企业投资意愿。撒切尔夫人没有推行大规模的减税，只是把所得税基本税率从33%降到30%，个人津贴的提高超过通货膨胀5%，但对严重影响企业生产效率的罢工行为毫不手软，通过1984—1985年以毫不妥协的姿态对抗英国煤矿工人大罢工，她成功削弱了工会的政治影响力，使由于罢工而企业无法运行的社会病灶成为历史，企业生产效率大幅提高。

放松政府管制是“里根—撒切尔经济学”的核心。凯恩斯主义认为，由于利率非负性、流动性现金等等原因，市场本身是无法长期有效运行的，因此政府必须对市场加以管制，或者叫“宏观调控”。然而，过多的“宏观调控”不可避免地干预到企业的微观经营，最终表现为企业经营灵活性不够。里根和撒切尔夫人大幅减少了政府对企业的管制。里根在上任后的第一个工作日就宣布成立由副总统领导的放松管制特别小组，全面负责放松政府管制的事情。从此以后，国会和各个行政部门滥设行政管制的陋习不再可以维持下去，所有行政管制都需要这个特别小组来审查管制的必要性和可行性。在英国，政府对微观经济的干预则主要体现在国有企业，这个最早实行私营经济的国家里国有经济居然占到了10%左右。撒切尔夫人大规模私有化了国有企业，逐步出售了英国石油、英国联合港口，国际航空无线电等国有企业，经济效率为之一振。

“里根—撒切尔经济学”取得了巨大的成功，在短期的阵痛之后，英美两国彻底地解决了通货膨胀问题，随后经济开始起飞，迅速走出滞胀的泥淖，并奠定了英美两国之后长达10年的繁荣的基础。

三 “五大政策支柱”

2016年1月4日《人民日报》专门借“权威人士”向全社会传达了供给侧结构性改革的政策，在文中，“权威人士”专门提到供给侧结构性改革的“五大政策支柱”：宏观政策要稳、产业政策要准、微观政策要活、改革政策要实、社会政策要托底。这五大政策支柱值得细细品味。

所谓“宏观政策要稳”，就是要为结构性改革营造稳定的宏观经济环境。供给侧结构性改革也是一场变革，变革意味着不确定。正如人们开车时遇到曲折不平的路最容易出车祸一样，在变革中环境的不确定性增大，企业的判断力也容易出问题。因此，政府给企业提供一个较为稳定的宏观大环境相当重要。在经济发展中，我国经济出现过骤然由冷到热的情况，给经济造成相当的伤害。第一次是 1992 年之后，邓小平的南方谈话把经济从压抑气氛中解放出来，各地大兴建设，海南最终出现房地产泡沫和大量银行坏账，若非朱镕基副总理的铁腕治理，经济势必硬着陆。第二次是 2008 年，由于前期通货膨胀较高，中央实行紧缩政策，但 9 月雷曼兄弟破产后，出口快速下行，中央政府的经济政策急打方向盘，从紧缩转为大幅扩张，最终遗留下产能过剩、结构调整困难等后遗症。“宏观经济要稳”，就是为改革提供稳定的环境。习近平总书记、李克强总理都在谈“新常态”，新常态下既是经济中低速增长，也是经济政策平稳发力的“新常态”。

所谓“产业政策要准”，就是要按照结构性改革的方向和要求，通过功能性的产业政策加以引导。产业政策是国家引导企业向合意方向发展的政策。我国经济的巨大发展，与政策的产业政策不无关系，但同时，我国以往的产业政策也存在一定偏差。一是产业政策有偏，例如数个产能过剩行业都是政府曾经支持的行业；二是产业政策存在大水漫灌的情况，产业政策是个框，什么都能装。很多企业通过造假、打擦边球等手段获得产业政策的支持。“产业政策要准”就是要纠正这些错误，使产业政策能够精准地扶植经济产业链中的短板。

所谓“微观政策要活”，就是要简政放权，让市场决定资源配置，让企业成为自主经营、自负盈亏的经营主体。纵观世界经济发展史，每一次经济发展都是市场的作用扩大的结果。我国经济飞速发展的30年就是市场化的30年。所谓市场化，就是所有经济主体按照市场给出的价格信号决定自己的经济行为，并通过盈亏为自己的经济行为负责。在很长一段时间里，一些利益集团打着“宏观调控”“市场监管”“国家安全”“公共利益”的旗号干预微观经济主体，特别是企业的经营活动，导致企业发展活力严重不足。以石油为例，国有大型企业垄断成品油的供给，凭此决定民营加油站的生死，甚至以“油荒”对抗国家的石油体制改革。“微观政策要活”，就是要取消这些现象，让所有企业在公平的市场环境下竞争。

所谓“改革政策要实”，就是改革一定要落到实处。如今改革开放已近40年，改革进入深水区，各项改革政策可能会影响到不同利益集团的利益，“触动利益比触动灵魂更难”。各色利益集团很有可能利用种种借口阻挠改革政策的落实，明着拥护改革、背地抵制改革。最近10年里，改革变得愈发复杂，甚至部分领域出现了倒退，与利益集团的阻挠不无关系。下一步，改革政策肯定要出时间表之类的督查手段。

所谓“社会政策要托底”，就是加强各项社会保障手段，保证居民生活水平不下降。改革的过程中难免有“阵痛”，以去产能为例，产能过剩行业里，如煤炭、钢铁、平板玻璃等，都是涉及数十万人就业的庞大产业链，要去产能，这些行业里的就业人员必须重新就业。很多重工业集中的地区对1998年的下岗潮有着惨痛的记忆。供给侧结构性改革固然重要，数十万工人的工作、家庭也很重要，更何况这些人经过短时间的培训之后仍是中国经济的一笔重要财富。如何平衡改革和就业，如何使这些劳动力变为财富，答案就是各项社会政策。从长远来看，我们需要从通过保企业来保就业的窠臼中走出来，通过完善社会保险、加强劳动力流动性和调整产业结构等方式解决产能过剩行业中员工的去向问题。2016年“两会”上，政协委员、国务院发展研究中心原副主任刘世锦直言，财政资金与其用来救助没有效益的“僵尸企业”，不如用来保障工人的基本生活和再就业。

四 “五大任务”

2015 年中央经济工作会议于 12 月 18 日到 21 日在北京召开，习近平总书记、李克强总理做了重要讲话。会议聚焦供给侧结构性改革，确定了 2016 年五项主要任务：去产能、去库存、去杠杆、降成本、补短板。

第一，去产能。产能过剩是我国经济的一项重大威胁，本书有一章专门以“产能过剩”为题目。放在供给侧结构性改革的大框架下看，“去产能”的意义不仅仅是为化解短期内经济的危险点，更是在长期里重新配置国内各项的生产要素。经济学上认为，劳动力、土地（厂房）和资本构成了生产的基本要素，三者结合生产出产品和服务。然而，如果束缚在过剩的产能中，这些生产要素是不可能发挥作用的。例如，20 世纪 90 年代，东北的国企无法产生效益，但又不破产，很多职工只能在企业里晒太阳、闲唠嗑。本次经济工作会议强调加快破产清算和兼并重组，保障失业人员再就业，等等，是在为生产要素的重新配置打基础。试想如果不产生效益的企业破产，再就业机制顺畅，闲置的员工迅速走向新的岗位，会带来多大的经济效益？去产能，不是简单的去产能，而是为供给侧结构性改革重新配置生产要素去产能。

第二，去库存。库存，主要是房地产库存。最近 10 多年里，房地产成为我国经济的支柱行业。高利润吸引大量资本进入房地产业，但由于我国居民耐用消费品时代进入尾声，大量企业的自有资金和银行贷款在三四线城市里固化，大大小小无数的楼盘无法出售，更为重要的是，土地已经成为地方政府的第二财政，很多地方债都是以土地为抵押的。房地产的泡沫固然要加以限制，但目前已经形成的库存更要有效解决，否则会形成金融风险。这一届领导人在推进新型城镇化，即人的城镇化。从供给侧结构性改革的角度看，人员从分散的农村聚集到密度大的城市里，生产效率会因为规模效应迅速提高。去房地产库存所带来的“人的城镇化”正是供给侧结构性改革的应有之义。当然，除了房地产，我国其他商品的库存也相当大，如农产品的棉花、玉米，工业品中煤炭、钢铁等，这些领域的去库存也是从一定角度助力供给侧结构性改革。

第三，去杠杆。依靠借贷维持生产已经是中国很多企业的常态。过高的杠杆率使中国经济面临着危险的局面。2013 年沪深上市公司资产负债率为 64.04%，超过国际公认的 40%～60%的安全水平，且还有不断上涨之势，1998 年该数据为 46.72%，除 2007 年稍有下降外一路攀升。据财政部发布的全国国有及国有控股企业经济运行数据，2013 年国有及国有控股企业的资产负债率为 65%，同样超过国际公认的 40%～60%的安全水平。除了企业的杠杆率，更让人担心的是地方政府的杠杆率，本书另有相关章节，本处不再赘述。过高的杠杆率意味着过重的财务利息负担，同时每年光借新还旧就需要大量的贷款，挤占了原本属于真正需要贷款形成有效供给的企业的份额。降低企业的杠杆率，有潜力的企业才能获得贷款成长起来，企业也才有勇气开拓创新。

第四，降成本。正如英国美国在“里根—撒切尔经济学”中实行的政策一样，只有切实降低成本，企业才有能力和动力进行投资。我国企业的成本负担过重，一方面是台面上的各种税费，另一方面是台面下的各种政府关系。不止一个企业家向公众抱怨企业太难干。本次经济会议专门把帮助企业降低成本作为 2016 年重要的任务来完成，可见中央推进“供给侧结构性改革”的决心。实际上，在之前一些政策已经落地。一方面，国务院在不断降低企业的税费，2014 年年底国务院扩大了享受税收见面的中小企业的范围，增加了针对小微企业的一系列所得税、营业税等的优惠措施。另一方面，国家也在力推降低电费。2015 年 4 月 18 日的国务院常务会议决定，下调全国燃煤发电上网电价平均每千瓦时约 2 分钱，实行商业用电与工业用电同价。部分电力成本占比较重的企业因此获益匪浅。

第五，补短板。供给侧结构性改革重点就是把生产要素从居民不需要的领域重新配置到人民需要的领域。何为短板，市场供给满足不了居民需要的，就是短板；制约供给进一步扩大的，就是短板；产业链上非进口无法弥补的缺环，就是短板。2015 年 12 月 29 日，《经济日报》以《补短板就是强根基》发表文章：

我们要在补齐短板上取得突破性进展，就要从 5 方面着手。一是要补齐民生保障短板，重点打好脱贫攻坚战，通过加大资金、政策、工作等投入力度，提高扶贫质量，精准扶贫、精准脱贫；二是要补齐产业发展短板，政策上支持企业技术改造和设备更新，市场方面则要让更多资金活水流向实体经济，切实提升企业自身发展和创新的能力；三是要补齐基础设施短板，让投资更有效、更精准，投入机制和运营机制要市场化、可持续，形成良性循环；四是要补齐人力资本短板，适应经济发展新常态的要求，从过度依赖消耗自然资源转向更多依靠人力资源，全面提高劳动生产率；五是要补齐“三农”短板，通过资金和政策倾斜，加大对农业现代化基础建设、农业综合生产能力、提升农产品质量和效益方面的投入，让经济发展更有底气、更有余力。

五大任务的供给侧结构性改革，比当年“里根—撒切尔经济学”的盲目探索更有方向性，我们相信，如果当年“里根—撒切尔经济学”能在美国和英国奏效，那么供给侧结构性改革也一定能在中国奏效。

第二章　新四化

解决好农业和粮食问题，要放在发展的全局中来统筹。工业化、信息化、城镇化、农业现代化，是实现我国现代化的基本途径，这“新四化”相互联系、相互促进。工业化与信息化是发展到一定阶段的“孪生子”，其深度融合是产业升级的方向与动力；城镇化蕴含着最大的内需潜力，是现代化建设的载体；而农业现代化则是整个经济社会发展的根本基础和重要支撑。

——2013 年 1 月 15 日　李克强总理到国家粮食局科学研究院考察调研时讲话

从中国国情出发，加快社会主义现代化，需要协调推进工业化、信息化、新型城镇化、农业现代化，而“新四化”与服务业密不可分。推进工业化既要做强工业也要扩大服务业，发展先进制造业需要以现代服务业为支撑，通过财税支持、股权激励等多种措施，强化研发设计、市场营销等服务环节，这会给产品结构优化、质量改善和价值提升带来放大效应。信息化本身就以服务业为载体，服务业壮大也有利于信息技术的广泛推广应用，可以拓展以信息消费为代表的新型服务消费。新型城镇化的核心是人的城镇化，人口在空间上的集聚，既创造服务，也需要服务，包括需要发展服务业为产业和就业提供支撑，需要增强城市交通、流通、环保等服务功能和承载能力，需要加强科教文卫、社会保障等公共服务和社会事业。推进农业现代化，也需要完善农技农机等农业生产服务和农村生活服务。加快发展服务业，可以促进工业化与信息化深度融合、新型城镇化与农业现代化相辅相成，能够实现更全面、更协调的发展。

——2013 年 5 月 29 日　李克强总理在第二届京交会暨全球服务论坛北京峰会上的演讲

【导读】

“四化”这个词在中国有着特殊的含义，它是一个古老国家融入现代社会的渴望，它是几代中国人梦寐以求的理想，它是中国近 50 年所有经济建设的总纲。自 1964 年周恩来总理提出“现代农业、现代工业、现代国防和现代科学技术”，时间已经过去了半个世纪，这“四化”还适合中国吗？我们现在还需要 50 年前所理解的“工业现代化”吗？2012 年党的十八大提出“新四化”：工业化、信息化、城镇化、农业现代化。中国已经是全球最大的制造业国家、世界工厂，我们还需要工业化吗？什么是信息化，如何理解信息化？当前的城镇化存在什么问题，如何协调土地的城镇化和人口的城镇化？为什么连续十多年，中央的“1 号文件”都是关于“三农”问题？本章试图来解答这些问题。

值得注意的是，2013 年 11 月 12 日颁布的《中共中央关于全面深化改革若干重大问题的决定》，提出了国家治理体系和治理能力的现代化，我们可称为“第五化”，“第五化”和前四化有着不同的层面和内涵，对未来中国将起到基础性的建构作用。

一 “三个对接”重塑工业化

“新四化”之首就是工业化。目前，我国已经成为世界第一制造业大国，难道还没有完成工业化吗？“新四化”的工业化不是指工业化的程度，不是指工业化的比重，而是工业化的质量，就是在目前工业化的基础上进行改革，促进其转型，实现新型工业化。

工业化转型是必然发生的，老龄化促使工业转型迫在眉睫。由于计划生育政策，我国20世纪80年代新生人口数量锐减，一定程度上解决了贫困，但人口红利也逐渐消失，相对于印度、越南和墨西哥等国家，我国在劳动力年龄和劳动力成本上都不再有优势。中国廉价劳动力的时代一去不返，劳动密集型产业难以为继。我们的工业到了不得不转型的时候，到了不转型就要面对危机的时刻。2012年11月20日《参考消息》刊文：

摩根大通在一份报告中指出，（中国——笔者加）人口老龄化、工业过度扩张和日益严重的环境污染问题意味着，必须改革发展模式。报告中指出：新领导集体在未来十年里很可能把战略重心放在城镇化、工业创新与升级、减少收入不平等与地区不平衡上，旨在实现全面和可持续发展。

选了目标是一回事，如何实现目标是另外一回事。从很早之前一些有识之士就看出我国的工业化不得不转型，但如何转型莫衷一是。现在最高领导层提出了“新四化”，为工业化转型指明了路径——三个对接。

首先，工业与服务业对接。何为工业与服务业对接？就是用服务业促进工业的发展。李克强总理着重指出：“推进工业化既要做强工业也要扩大服务业，发展先进制造业需要以现代服务业为支撑，通过财税支持、股权激励等多种措施，强化研发设计、市场营销等服务环节，这会给产品结构优化、质量改善和价值提升带来放大效应。”在很长的时间里，我们国家的工业发展始终存在一个误区，就是盖厂房，买设备、引进技术才是工业发展，殊不知服务业可以大大促进工业的发展。以美国为例，美国是公认的工业化程度最高的国家，几乎每次都引领着世界工业的发展潮流。这种优势与美国高度发达的服务业，特别是信息行业和金融行业，是离不开的。以页岩气为例，行业的革命者——Mitchell 能源公司从 1980 年就开始了对页岩气的勘探，直到 2002 年技术上才有革命性的突破。毫无进展的 20 年里，正是发达的金融业源源不断地给 Mitchell 能源公司输血。除了金融业，勘探业、咨询业等也都在页岩气的开发过程中功不可没。反观我们国家，现在我国工业化上出现的问题往往都不是工业本身的问题，而是工业以外的事情，例如融资困难、物流成本过高、技术改造困难，等等。“汝果欲学诗，功夫在诗外”，现在我们想让工业进一步发展，必须从服务业上着手。

其次，工业与国际对接。新一届政府在党的十八大上阐述要最大限度地释放改革红利，预示着政府将会最大限度地在不违反国家法律基础上为服务型企业发展“松绑”，让企业轻装上阵，增添活力和创造力，让企业在自由的环境中不受制约不受束缚的健康发展，健全各项制度标准、法律法规，规范市场监管，营造良性发展环境，进一步扩大服务业对外开放，探索建立自由贸易试验区先行先试。2013 年 5 月 23 日，李克强总理在第二届京交会暨全球服务论坛北京峰会上的演讲中指出：

世界经济结构调整出现新的亮点，新技术革命正在孕育，产业升级和生产要素转移步伐加快。发达经济体在寻求再工业化、再制造化过程中，着力保持服务业领先优势。发展中国家在推动工业化进程中，着力弥补服务业发展不足。以研发、信息、网络、物流等为代表的新兴服务业加快发展，传统服务业在改造提升中继续为社会提供就业岗位，金融服务业经历冲击后加快了革新步伐。服务业越来越成为各国发展和彼此合作的重点。

改革开放30年的经验告诉我们，参与国际竞争是提升行业竞争力的有效措施。1949年之后，我国进入完全闭关锁国的状态中，本意为创造出一个安全成长环境的政策最终让我国的企业成为“扶不起”的阿斗，改革开放之前我国企业全面陷入低效率的陷阱。改革开放后，外企进入带来的竞争让我国企业快速发展，落后低效的国有企业让位于民营企业。然而，进入21世纪，一波“国进民退”的潮流席卷我国，在行政垄断的保护下国有企业再次进入“无竞争”的状态，引入国外竞争成为迫在眉睫的事情。

最后，工业与信息化对接。信息消费的发展已经变成未来一段时期内的主流趋势，信息消费从行业发展的重要动力升格为政府扩大内需、调整结构的主要抓手，国家支持信息消费的力度将不断加大。2013年9月9日中国信息产业网刊文指出：

信息消费为何如此受重视？工信部电信研究院相关专家表示，信息消费不但“稳增长”的潜力巨大，而且在“调结构”方面也将发挥重要作用。专家表示，对信息消费、房地产、环保、铁路、机场投资回报率进行对比，信息消费回报率相对更高。据测算，环保领域投入一块钱将产出两块六毛八，信息消费投入一块钱产出四块一毛三，铁路机场投入一块钱产出三块七毛六。所以，信息消费必将成为未来驱动中国经济增长的核心增长。

杰里米·里夫金在他的著作《第三次工业革命》中写道：“如今，我们正处在信息技术与能源体系相融合的时代。互联网信息技术与可再生能源的出现让我们迎来了第三次工业革命。在21世纪到来之际，数以百万计的人们将实现在家庭、办公区域以及工厂中自助生产绿色能源的梦想。此外，正如人们在互联网上可以任意创建属于个人的信息并分享一样，任何一个能源生产者都能够将所生产的能源通过一种外部网格式的智能型分布式电力系统与他人分享。”而美国等经济发达国家提出的“再工业化”思路，也可给我们很多借鉴。

二 完善信息化，多几个马云马化腾

“信息化”概念源自 20 世纪 50 年代，党的十八大后在公众面前便成为“新型工业化”即第三现代化的核心特征。信息化形成智能化新型生产力，为经济社会发展、改善人类物质文化生活带来天翻地覆般巨变。美国就是通过铁路网、电气网、高速公路网、因特网“四张网”成为现代化领军人。里夫金在《第三次工业革命》书中预言“一种建立在互联网和新能源相结合基础上的新经济即将到来，将带给人类生产方式以及生活方式的再次巨大改变”。中国“新四化”与前两次“四化”相比，新意正在于“信息化”三字，表明信息化已被提升至国家发展战略高度。此次新一届政府提出的信息化是全方位的多角度的信息化，那么到底新型信息化是什么？从社会层面上讲要发展新型信息化城镇，建立健全信息化产业，促进信息化消费，从政府层面上讲努力实现工业信息化、农业信息化、国防信息化。

信息化的提出既表明中共新领导集体的战略眼光，也是对现阶段突出矛盾的智慧求解。虽然我国信息化已经发展了一段时间，但是据国际上发达国家的发展水平还有一段距离。如何破解这一难题？非均衡发展和向国外学习，这两个改革开放大法宝也可以用在信息化建设中。

首先是非均衡发展。改革开放初期，面对严峻的经济形势，让全中国同步发展是不现实的，邓小平提出“让一部分人先富起来”的非均衡发展战略。先富起来的这些人显示出巨大的榜样力量，为后面的改革扫清了很多障碍。同样的战略也可以用在发展信息化上，让一部分地区一部分行业先发展信息化，然后靠这些地区和行业的榜样作用带动其他地区其他行业的发展。2013 年 4 月 3 日中国网报道了李克强总理考察某自动化码头的情况：

上海浦东国际集装箱码头有限公司设备精良，是国内科技含量很高的现代化集装箱码头之一，采用集装箱无线管理系统，实现计算机实时控制，电脑与海关联网，多家国际著名船务公司在此安营扎寨。浦东国际集装箱码头所在的外高桥港，每天进出口船只超 6000 艘，这些船只的全部指挥调度工作，都集中在一座几十平方米大小的中控室中。在这里，通过港口的信息化操作系统，进港船舶的每个动作，都由系统发送指令，指挥调度。

公司负责人说，浦东正在建设一个更加高度信息化的无人操作码头，“希望总理三年后再来浦东，看一个世界上最先进的自动化码头。”

李克强称赞说：“我当年参观香港、新加坡的码头，现在，我们码头的信息化管理也完全进入了世界级水平。”

其次，学习国外先进的经验技术。向西方学习是我们国家科技进步社会发展的一大法宝，在新型工业化的道路中，这一条法宝也同样可以发挥作用。以信息化工业为例，如果我们重新建立起这一工业体系，不仅耗时耗力，而且发展的过程中也肯定会多有挫折。西方国家在这一方面比我们国家起步得早，向他们学习才能加快我们国家的发展，甚至实现跨越式发展。美国早在 20 世纪 90 年代就开始高度重视信息化建设，颁布多种措施：政府主导建设“高速信息公路”，鼓励私有企业投入到信息化建设中，加强信息技术研究与开发，实施电子政府战略，积极发展电子商务。继美国之后欧盟、日本也相继提出适合本国家的发展信息化战略，如欧盟制定推出了关于构建新型科技信息社会的一整套政策，出台了一系列对信息化产生重大影响的规范性文件，还同时出台了《促进21世纪的信息产业的长期社会发展规划》及相应的行动计划；日本以“IT特区”推进社会信息化，通过财政与税收政策推进信息化的发展，制定有力的产业政策支持信息产业的发展。

三 户籍人口城镇化

什么是城镇化？城镇化是指人口从农村进入城市，由从事农业转变为从事工商业的过程。城市一直是美好生活的象征。当说起发达国家时，人们的脑海里浮现出来的画面首先就是高楼林立的大都市。从19世纪中叶开始，我国进入缓慢的城市化，改革开放以来我国的城市化速度不断加快。可以非常肯定地说，我国的城镇化已经驶上了快车道。那么为什么李克强总理还要提“城镇化”呢？为了纠偏，纠正我们的城镇化出现的偏差。吴敬琏先生在中欧国际工商学院举办的“2013新型城镇化论坛”演讲时曾经总结旧城镇化的三大错误思维：

旧型城镇化有三大特点：土地城市化优先于人口城市化；“摊大饼”式城市发展；建成的城市运作效率很低，产生了交通拥堵、环境污染等负面效应。

在很多中国人的心目中，特别是在很多地方官员的心目中，城镇化就是把农村土地变成城市土地，就是把平房改成楼房，就是把人口从农村迁到城市。至于这些城市土地是否可能有效利用，这些楼房是否有人住，这些人口能否就业、能否有城市居民应该有的社会福利，都不用多费心考虑了。这是我国划分“城市户口”和“农村户口”的户籍制度的延续。我国城乡二元结构的根本原因在于人的“二元分化”——户籍制度把人分为城市人口和农村人口。1958年1月全国人大常委会通过《中华人民共和国户口登记条例》，第一次明确将城乡居民区分为“农业户口”和“非农业户口”两种不同户籍，奠定了我国现行户籍管理制度的基本格局。自此，被打上“农业户口”烙印的人在升学、就业、社会保障上均落后于“城里人”。更为糟糕的是，1954 年宪法规定的“中华人民共和国公民有居住和迁徙的自由”在户籍制度面前成为一纸空文。1964 年 8 月《公安部关于处理户口迁移的规定（草案）》出台，集中体现了该时期户口迁移的两个“严加限制”基本精神，即：对从农村迁往城市、集镇的要严加限制；对从集镇迁往城市的要严加限制。

只有土地的城镇化，没有人的城镇化，后果不言而明，当一个城市一边是大量空置的楼房和城市基础设施，另一边是大量的失去土地又找不到工作只有一个城市居民身份的农民，那这个城市可能离破产就不远了。2010 年 4 月 1 日，环球网刊文：

耗资 50 多亿打造、面积达 32 平方公里的内蒙古康巴什是一座豪华新城，但同时也成了一座无人居住的“鬼城”。花 5 年时间建设的康巴什，原意要成为鄂尔多斯对外炫耀的市中心，但如今却是中国房地产泡沫的最佳展示品。

偶尔出现的行人，看起来就像幻觉，拖着沉重的脚步沿着人行道走着，仿佛恐怖电影中大灾难过后一名孤独的幸存者。

…………

只是，地图上的这个新地名，不仅是座新城，也是个“空城”——一期工程方圆 32 平方公里的城市，街道上鲜见行人，没有人气。

我们需要什么样的城镇化？人口的城镇化。2013 年 11 月 24 日至 28 日，习近平总书记在调研考察时指出，城镇化不是土地城镇化，而是人口城镇化。什么是人口的城镇化？习近平总书记当年的博士毕业论文《中国农村市场化研究》就提出：“绝大多数在城市务工的农民并未真正融入城市，造成这一问题的根本原因是户籍制度的限制。”习近平总书记在《关于〈中共中央关于制定国民经济和社会发展第十三个五年规划的建议〉的说明》中指出：

户籍人口城镇化率直接反映城镇化的健康程度。根据《国家新型城镇化规划（2014—2020年）》预测，2020年户籍人口城镇化率将达到45%左右。按2013年户籍人口城镇化率35.9%计算，年均提高1.3个百分点，年均需转户1600多万人。现在，按照常住人口计算，我国城镇化率已经接近55%，城镇常住人口达到7.5亿。问题是这7.5亿人口中包括2.5亿的以农民工为主体的外来常住人口，他们在城镇还不能平等享受教育、就业服务、社会保障、医疗、保障性住房等方面的公共服务，带来一些复杂的经济社会问题。

建议稿提出户籍人口城镇化率加快提高，是要加快落实中央确定的使1亿左右农民工和其他常住人口在城镇定居落户的目标。这1亿人主要指农村学生升学和参军进入城镇的人口、在城镇就业和居住5年以上和举家迁徙的农业转移人口。

实现1亿人在城镇落户意义重大。从供给看，在劳动年龄人口总量减少的情况下，对稳定劳动力供给和工资成本、培育现代产业工人队伍具有重要意义。从需求看，对扩大消费需求、稳定房地产市场、扩大城镇基础设施和公共服务设施投资具有重要意义。实现这个目标，既有利于稳定经济增长，也有利于促进社会公平正义与和谐稳定，是全面小康社会惠及更多人口的内在要求。这就要求加大户籍制度改革措施落实力度，加快完善相关配套政策，确保这一目标实现。

人口的城镇化是人可以在城市有一处自己的房子，是人可以获得实施居民应有的社会保障，是人可以在城市里找到工作，是人可以在城市里找到情感寄托而没有漂泊感。习近平总书记在参观《复兴之路》基本陈列时提出“中国梦”，从个体角度来说，和“美国梦”一样，“中国梦”也代表着每一个人通过个人的努力过上富足、自由和有尊严的生活，房子必然是“中国梦”的一部分：

房子——孟子说：“有恒产者有恒心。”在城市里有一套房子是一个农民变成城市人的第一步。虽然现在很多地方通过“宅基地置换”“农村居民回迁”等方式让许多农民有了一套甚至多套城市房子，但这些措施都难以惠及农民工。如何让农民在工作的地方拥有自己的房子是我们国家面临的艰巨任务。

保障——自 20 世纪 50 年代建立户籍制度起，城乡居民在社会保障方面存在巨大的差异。在农民进城以后，他们就失去了土地这个最后的保障线，只有给予他们城市居民的社会保障待遇，他们才能安心在城市生活。

工作——当农民失去土地又找不到工作，那会怎么样呢？让农民进入城市以后可以找到自己合适的工作，有谋生的手段，这才是真正的城镇化。

情感——当一个中国人初到国外的时候，都会感觉到巨大漂泊感。当一个农民初到城市时，可能也是如此。消除入城农民心灵上的孤独感，是城镇化的应有之义。

四 农业现代化，如何规模化

2013 年 4 月 3 日李克强总理主持的国务院常务工作会议决定，深化土地管理制度改革。实行支持现代农业发展的差别化用地管理政策。规范推进集体经营性建设用地流转，逐步建立统一的城乡建设用地市场。严格农村集体土地征收管理，完善节约集约用地管理制度，创新耕地保护机制。完善农村宅基地有序退出机制。这是我国经济社会发展到一定阶段的必然结果。

早在“联产承包制”大放异彩之时，高级领导人就明白土地规模化经营的重要性。20世纪90年代，改革开放总设计师，家庭联产承包制最重要的支持者邓小平曾说，“中国社会主义农业的改革和发展，从长远的观点看，要有两个飞跃。第一个飞跃，是废除人民公社，实行家庭联产承包为主的责任制。这是一个很大的前进，要长期坚持不变。第二个飞跃，是适应科学种田和生产社会化的需要，发展适度规模经营，发展集体经济。这是又一个很大的前进，当然这是很长的过程。”随着中国经济的发展，中国人对农产品日益增长的需求和中国农民日益下降的农业生产积极性之间的矛盾不断加深，农业规模化经营的时机已经来到。

随着中国经济的增长，我国农产品的供求矛盾已经越来越突出。一方面是国人对农产品的需求不断增强。随着收入的增长，虽然人们直接消费的粮食谷物逐渐减少，但购买的肉类、油脂和奶制品却不断增长，这些都需要消耗更多的谷物。从大豆及大豆制品上，这种需求可见一斑。大豆是豆油和豆粕的原料，豆粕是最重要的饲料。1995年中国大豆产量为1400万吨，消费量1400万吨；2011年中国大豆产量仍为1400万吨，消费量则达7000万吨，5600万吨大豆必须通过进口获得，此外还进口了150万吨的豆油和40万吨的豆粕。其他粮食谷物产品的消费量也大体是同样速度增长。目前我国是美国最大的农产品进口国，也是世界上最大的农产品进口国。另一方面，与粮食旺盛的需求形成鲜明对比的是，我国农民生产意愿的不断下降。根据统计数据，我国共有2亿多农户，18亿亩耕地，人均不到9亩地，以每亩地500～1000元的平均收益来算，每个农户每年的收入仅为4500～9000元，而2012年全国城镇居民人均收入为26000元，远高于农村居民的收入。随着最近几年我国新增劳动力的不断减少，很多地区出现了“用工荒”，农民放弃种地出外打工获得的收益远高于务农收入。《今日中国论坛》刊文《关于我国土地撂荒现状的思考》，对武陵山片区的土地撂荒情况做了调查分析：

经过我们对搜集到的资料的整理计算发现该地区土地撂荒比例在3%～18%。其中，因种粮效益低而撂荒的占撂荒耕地的26.9%；因劳动力转移而撂荒的占撂荒耕地的43.7%；因农田基础设施条件差而撂荒的占撂荒耕地的18.1%；其他原因撂荒的占撂荒耕地的11.3%。从撂荒的程度来看，多年撂荒的占撂荒耕地的18.0%；全年撂荒的占撂荒耕地的12.0%；季节撂荒的占撂荒耕地的70.0%。地理条件相对较差的撂荒占撂荒耕地的48.3%。

我国农业的规模化经营，土地的节约化使用，不可能是一蹴而就的。目前我国耕种土地的农户仍然有接近2亿户，如果达到户均耕地百亩的水平，大约90%的农户需要转移至城镇，这明显超出了我国城市的承载能力。因此，李克强总理提倡的“规模化经营”只会一步一步向前推进，不会重演60年前“大跃进”的悲剧。2013年11月中央农村工作领导小组办公室主任陈锡文在《求是》上的文章《构建新型农业经营体系刻不容缓》中指出：“在保障承包农户土地财产权利基础上促进土地流转”、“从我国具体国情出发推进耕地的适度规模经营”、“在家庭经营基础上推进农业经营体系的创新”。

保障承包户土地财产权利，是推进土地流转制度的基础。市场经济条件下，微观经济主体的“自愿互利”是市场经济活动的基础，西方经济学家无数次证明了在产权不明晰的情况下，市场是失效的。我国农村土地的产权恰恰处于这种情况。宪法规定，我国农村土地是集体所有制，农村联产承包制下农民取得的只是使用权，不是所有权，但在现实生活中，农村集体组织名存实亡，农民对土地的支配权近似于完全的所有权。然而，一旦农民签订的土地转让合同出现纠纷，农民的合同权益无法得到法律的保护。这种情况下，农民很容易被一些有权力背景的人剥夺土地。上文提到的农村土地“撂荒”情况就是农民对其“产权”抱有疑虑之下的理性选择，“撂荒”虽然不能带来收益，但与“流转”相比至少可以保证农民的产权。周其仁在其《产权与制度变迁：中国改革的经验研究》中写道：

修订后的1998年《土地管理法》，我们发现除了抽象宣布“土地使用权可以依法转让”（第2条）之外，整部法律8章86条再没有一处提及“土地转让权”的内容、主体归属、转让程序、执行原则和定价方式。就是说，虽然“土地使用权”可以依法转让但完全没有相关的具体内容。举一个例子，本法第16条指出“土地所有权和使用权争议，由当事人协商解决；协商不成的，由人民政府处理”。问题是，土地使用权的转让就不发生争议了吗？发生了，怎么处理？

我国的具体国情是推进耕地适度规模经营的出发点和落脚点。提到农业的规模化经营，人们脑海中首先想到的就是美国式的大农场，然而，我国人多地少，不可能像美国发展大规模家庭农场，平原少丘陵多的地貌决定了机械化生产的规模不可能太大，城市建设和社会保障也不允许农民快速由农业转向工商业，由农村转移到城市。我国的农业规模化应该放在我国“长期处于社会主义初级阶段”的大背景下统筹推进。一方面，农业规模化应该逐步提高农业的生产率；另一方面，农业规模化也要与农民的接受能力、土地的特点等相适应。多样化是我国农业规模化经营的必然选择，任何“一刀切”的做法都不可能成功。

家庭经营是我国农业制度的基石，我国所有农业制度都是从“家庭联产承包责任制”衍生出来的。现在很多人提出，家庭承包成为农业规模化经营的主要障碍，必须通过现代化的组织，如公司等代替家庭承包，这显然脱离我国的现实。党的十八届三中全会指出，坚持家庭经营在农业中的基础性地位，推进家庭经营、集体经营、合作经营、企业经营等共同发展的农业经营方式创新。这为我们构建新型农村生产关系指明了方向。《中共中央关于制定国民经济和社会发展第十三个五年规划的建议》中提出：

农业是全面建成小康社会、实现现代化的基础。加快转变农业发展方式，发展多种形式适度规模经营，发挥其在现代农业建设中的引领作用。着力构建现代农业产业体系、生产体系、经营体系，提高农业质量效益和竞争力，推动粮经饲统筹、农林牧渔结合、种养加一体、一二三产业融合发展，走产出高效、产品安全、资源节约、环境友好的农业现代化道路。

稳定农村土地承包关系，完善土地所有权、承包权、经营权分置办法，依法推进土地经营权有序流转，构建培育新型农业经营主体的政策体系。培养新型职业农民。深化农村土地制度改革。完善农村集体产权权能。深化农村金融改革，完善农业保险制度。

…………

推进农业标准化和信息化。健全从农田到餐桌的农产品质量安全全过程监管体系、现代农业科技创新推广体系、农业社会化服务体系。发展现代种业，提高农业机械化水平。持续增加农业投入，完善农业补贴政策。改革农产品价格形成机制，完善粮食等重要农产品收储制度。加强农产品流通设施和市场建设。

纵观世界经济发展史，规模化经营是农业发展的大方向。当然，具体到中国，如何找到合适的规模化经营的体制是一个艰巨的问题，体制如果不合适，政府强制推进，只能造成如苏联农场、中国合作社式的悲剧。

“新四化”是建立在对我国目前国情的高度概括之上的，正如“五十年”前的“四化”激励了数代人为美好的前景付出毕生的努力，“新四化”也为我国未来数十年的发展指明了方向。值得注意的是，2013年11月12日颁布的《中共中央关于全面深化改革若干重大问题的决定》，提出了“国家治理体系和治理能力的现代化”，我们可称为“第五化”。这代表我国对“现代化”认识的进一步加深，真正从清末“中学为体，西学为用”中对现代化器物层面加深到制度、文化、社会的全方面学习。

第三章 扩大内需

第一，构建扩大内需长效机制。我们要实现持续发展，最大的潜力在内需。要坚持把扩大内需作为经济发展的主要引擎，这也是重大的结构调整。要发挥好消费的基础作用和投资的关键作用，不断增强内需的拉动力。要把促进消费特别是居民消费作为扩大内需的着力点，既要深化收入分配制度改革、多措并举促进城乡居民收入增长、解决没钱花的问题，也要完善社会保障制度、解决有钱不敢花的问题，还要改善消费环境、培育新的消费增长点，解决有钱不愿花、没处花的问题，释放有效需求。要大力促进服务消费发展，鼓励社会力量办医办学办养老等，提供多样化的产品和服务。

——2014年5月1日　李克强总理《关于深化经济体制改革的若干问题》

【导读】

内需，就是一个经济体内部的需求。与日本、韩国和很多东南亚国家一样，我国在经济起飞的初期选择了出口导向型产业，通过外需拉动经济发展。然而，当我们已经成为世界工厂、第一大进出口国家时，外需还能是中国经济发展的顶梁柱吗？以目前疲软的国际需求和不断出现的反倾销诉讼来看，答案是否定的。为什么我国内需始终不振？如何才能启动我国的内需？这不是一个容易回答的问题，让我们看看当前中国经济领导层要如何作答。

一　中国可以依靠外需吗

内需，顾名思义，就是一个经济体内部的需求。与此对应的是另一个名词——外需，一个经济体外部的需求。举个简单的例子，我们作为生活在中国的中国人，买了一元钱的中国商品，这就是一元钱的内需；一个生活在美国的美国人买了一元钱的从中国进口的商品，这就是一元钱的外需。从拉动经济增长这方面说，内需和外需是完全一样的，中国人在中国买的一元钱中国货拉动了中国一元钱的 GDP，外国人在外国买的一元钱中国货也拉动了中国一元钱的 GDP，两种需求一般无异。为什么我们要强调内需呢？因为外需授人以柄，因为依靠外需发展有瓶颈。吴敬琏数年前就对出口导向的发展模式提出了质疑：

“所有用这个政策（出口导向政策）的人都错了，2006 年我就说过，我希望祷告上苍，（保佑）中国是个例外。”

授人以柄的外需。你会送给别人一把剑，让别人拿着剑柄，剑尖指着自己的喉咙吗？这就是中国出口导向型经济政策的结果。自 2001 年中国加入 WTO 以来，全世界一半左右的反倾销调查和反补贴调查是针对中国的，从钢铁到纺织品，从汽车轮胎到光伏产品，形形色色，各式各样。这其中有很多反倾销都是无中生有，只不过是发达国家失业率升高的“替罪羊”，政客们推诿责任的托词。然而中国的企业却不得不疲于应对，一旦反倾销起诉成立，这些企业就面临着生存危机。更有甚者，市场开放和准入成为很多发达国家与中国讨价还价的砝码，比如说美国每年都会拿贸易最惠国待遇来威胁中国。这些国家之所以有底气拿进口说事，是因为他们知道，他们的市场和很多中国人的饭碗直接联系在一起。中国人耗费资源、能源、环境、劳动力，为其他国家制造了一把利剑来威胁中国。这就是经济依赖外需的结果。2013 年 2 月 23 日《华夏日报》刊文说：

2 月 16 日，欧委会发布公告，对原产于中国的无缝钢管发起反倾销调查。据初步统计，2012 年我国涉案产品对欧出口额约为 9153 万美元，该案是 2013 年欧盟对我国发起的第一起贸易救济调查。

根据媒体报道称，在此次案件中，欧盟选定美国作为计算中国涉案产品正常价值的替代国，而美国在劳动力等多项成本方面明显高于中国，选取美国作为替代国无疑会使案子的进展对中国不利，也显露出欧盟贸易保护主义的初衷。

与此同时，加拿大边境服务署也于今年 1 月 21 日发布公告称，对原产于中国的镀锌钢丝进行反倾销调查；2 月 12 日，澳大利亚海关和边境保护署正式立案对来自中国、印度尼西亚、日本、韩国等地的热轧钢产品发起反倾销调查，并对来自中国的产品同时发起反补贴调查。

短短的两个月时间内，中国似乎变成了他国贸易保护的“重灾区”，各国争相对中国的钢材产品进行反倾销调查。据了解，早在 2008 年，欧委会曾对我国的无缝钢管发起反倾销调查，终裁税率为 17.7%～39.2%。

有瓶颈的外需。如果外需可以持续推动我国的经济发展，依靠出口导向型经济我国可以进入高收入国家的行列，那忍一忍外贸刁难也值得。关键是，全世界范围内，没有一个大国可以仅凭外需进入高收入国家行列，出口导向型经济最终的归宿就是金融危机。例如，1982 年的拉美金融危机终结了巴西、墨西哥等拉美国家的出口导向型经济，1998年东南亚金融危机终结了泰国、菲律宾、马来西亚等国家的出口导向型经济。从出口导向型经济到金融危机有着内在的逻辑。出口导向政策下出口大量增加，在没有外力的情况下，市场的供求会导致本币升值，外币贬值。本币的升值会降低国内产品的国际竞争力，这显然不是出口导向国家的政府愿意看到的，因此，一般情况下，央行会在外汇市场大量释放本币，即人为压低本国货币的币值。央行释放的本币最终会进入本国的金融市场，国内流动性泛滥，某些资产（如股票、房地产）价格上涨，资产出现泡沫。最终有一天，资产泡沫要破裂，这也是经济危机引爆的时间点。2010年7月6日《中国经济》刊文说：

从以上历史经验来看，中国的出口导向型战略也已经走到了尽头。中国的外汇储备从1978年的1.67亿美元增加到2009年的2.4万亿美元，增长了14371倍，年均增长率为30.9%，比泰国金融危机前外汇储备的增长率还高1.4个百分点。中国的M2也从1990年末的15293亿元增长到2009年末的606225亿元，年均增长率为19.4%。从2000年到2009年底，北京的房价已经增加了将近10倍，跟泰国金融危机爆发前的增幅相当；仅2009年一年，北京的房价就增长了70%。

除了以上这些问题，过度地依赖外部市场还会带来一系列困扰，比如如何处置外汇储备的问题。长期的出口导向使中国积累了大量的外汇储备，如何处理这些储备已经是中国政府头痛的事情。高达3万亿元的外汇储备只有美国国债市场可以容纳，但购买了美国国债又不得不承担美元贬值的风险。2016年“两会”新闻会上，央行行长周小川答记者问时说：“尽管进出口也是很重要的，但是中国不会过度地依靠出口来实现GDP的增长。净出口在GDP增长中的贡献率也不再像以前那么大，在这种情况下，有些货币政策，包括用汇率政策来刺激出口，对中国GDP的增长和实现未来的目标所能起到的作用并不大，所以我们不会倚重这个。”

二 为什么内需不振?“两缺”和“两难”

我国政府和有识之士在 1998 年东南亚金融危机之后就意识到出口导向型经济的困境了，所以从那时起，扩大内需就成为我国政府和学界致力开拓的一个领域。无论是西部大开发还是地方政府投资热潮，无论是教育产业化还是住房改革，都是围绕扩大内需这个题目所做的文章。然而，直到现在我国的内需依然不振，内需中的消费占 GDP 的比重不仅没有增长，反而在缩小；内需中的投资以政府为主体，民间投资疑虑重重，宁可转移到国外也不愿投资于国内。深入分析下，我们可以看到中国消费的“两缺”和投资的“两难”。

中国消费萎靡已经是一个不争的事实，2009 年消费占 GDP 的比重仅为 35%，举世罕见。无数的文章论证说中国人储蓄意愿强烈，不愿意消费，深入分析我们就会发现，这种说法站不住脚。中国人不消费，不在于消费意愿，而在于“两缺”——缺钱，所以不能消费；缺安全感，所以不敢消费。

中国人缺钱吗？在储蓄率高企、人均 GDP 接近 4 万元时，中国人好像不缺钱了。然而，中国人确确实实缺钱。国务院发展研究中心金融研究所所长夏斌统计过，从 1996 年到 2007 年中国居民储蓄率只从 19%提高到 22%，而政府和企业的储蓄率从 17%提高到 29%，提高了 12 个百分点，对总储蓄率增长的贡献高达 80%。中国经济增长的很大一部分被政府拿走，从 1994 年分税制开始，中央政府的税收收入持续高于 GDP 增长。未被政府拿走的那部分分配也极不均匀，很多统计调查都显示中国的基尼系数早已超过 0.5，属于严重不公平的国家。因此，中国才会出现一边国内消费不断萎靡，另一边奢侈品消费占全世界 1/4 以上的奇葩现象。

相对于中国人有没有钱这个问题，中国人有没有安全感这个问题就容易回答得多了：中国极端缺乏安全感。中国人敢失业吗？虽然几乎每一个纳税人都缴纳了失业保险金，好像没有几个人真的在失业的时候拿到了失业保险金。中国人敢生病吗？虽然很多人都缴纳了医疗保险金，但我们的病好像总是需要保险以外的药品和手术来治疗。中国人敢变老吗？虽然几乎每个工作的人都缴纳了养老保险，但好像总有各种各样的原因使我们拿到退休工资很不容易，比如缴纳没有到一定的年限，比如我们换了一个工作地点，再比如退休年龄提高。2009 年 9 月 9 日《广州日报》刊文说：

来自湖南衡阳的易承芳今年 55 岁，她是在广州打工的第一代农民工的一员。她在广州打工 22 年，买了 10 年社保，本想着明年就退休的她多方打听后才发现，自己根本无法在广州退休。她也无法继续以个人身份参保，直至满足连续参保 15 年的领取条件，因为即将退休的她并不是广东省户籍人员。

易承芳从广州和衡阳两地的社保相关部门得知，她只能有两个选择：要么领回个人账户中的款项，单位缴的留下，养老问题自己搞定；要么将目前的养老关系转移回衡阳，重新购买养老保险，约需 5 万元。这已远远超过易承芳目前在广州养老保险账户的总额（包括个人和单位）。这无疑意味着过去 10 年在广州缴纳的养老保险是白缴了！

内需的另外一部分是投资。相对于消费，我们会发现这部分内需乍一看来形势喜人：中国多个城市和省份出台促投资、稳增长计划，以应对经济下行压力：长沙，2012 年重大推介项目 195 个，总投资 8000 多亿元；武汉，82 个交通项目，累计投资超 2300 亿元；贵州，发布“旅游产业发展规划”，预计 10 年内投资总计 3 万亿元；此外还有天津 1.5 万亿元，山西 1 万亿元（2012 年 9 月 16

日《光明日报》)。然而仔细分析一下我们不禁要问：为什么都是地方政府的投资啊？因为私人投资都被挤压了。中国的私人投资存在这两大难题：进入难、融资难。

进入难，指的是民营资本进入市场非常困难。近年来，中国私营经济界存在“玻璃门”“旋转门”之说。什么是“玻璃门”？指的是公开的政策里说对民营资本一视同仁，民营资本完全可以进入某些行业，但实际操作过程中却处处为难民营资本。民营资本和某些行业之间仿佛隔着一道玻璃门，看得见，摸不到。什么是“旋转门”呢？指的是表面看来是欢迎民营资本进入的行业，最终却用种种方法把民营资本挤出去，比如先允许民营资本开办工厂，然后再用种种政策逼迫其破产或者离开。且不说石油、电力等国家垄断行业，即使是一般小商品市场，民营资本想进入都不是一件容易的事情。2013 年 11 月 7 日李克强总理在中国工会第十六次全国代表大会上做经济形势报告时曾经讲过一个故事：

一个在北京读书的大学生，毕业以后回家，到中部地区的一个小县城，他想自主创业。干什么呢？他觉得这个县城里面要增加点文化氛围，就想办一个书店，从父母和亲属那里借了 20 多万元，结果跑了三四个月，盖了几十个公章，总算跑下来。好不容易租了店铺，然后就开始被检查了。有的执法人员进去看，说你这个店玻璃颜色不对，照到街面上光污染，你得改。要办书店的年轻人说我已经没钱了，执法人员说没钱也行，给书吧，就摸了几十本书走了。那他书里是不是有什么“打黄扫非”方面的问题呀？没有。实际上，人家办的是一个社科书店，主要是教材，还真没这方面问题。到最后，这个大学生实在是经不起检查，只好“关门大吉”。我说经不起检查，不是书经不起检查，而是经不起各种人员的反复检查。

融资难，指的是民营企业融不到需要的资金。中国的金融机构几乎都是政府企业，在提供融资服务时主要考虑的也是民营企业。当民营企业和国有企业提供相同的融资条件时，金融机构一定是向国有企业提供资金。更有甚者，一些国有企业资质不良缺乏还款能力，仅凭自己国有企业的身份和某些官员的“招呼”就得到贷款。

缺钱，缺安全感，因此消费不振；进入难，融资难，因此私人投资不彰。这就是中国内需的困境。

三　消费：公共服务均等化和消费升级

消费是每一个人的愿望，关键是敢不敢消费，正如上文所说，由于公共服务供给不足导致中国人缺乏安全感，中国人不敢消费。那解决的办法自然就是增加公共服务供给和公共服务均等化。

2013 年 10 月 21 日，李克强总理在中国工会第十六次全国代表大会上表示，要“织牢社会保障的网”，对于职工的保障除了“救贫”还要“救急”，要在职工就业创业的过程中兜住社会保障的“底线”。当中国人不再为失业、医疗和养老担心时，中国人才敢花钱。李克强总理就任以来，多次提到要编织社会的“保障网”。

我国社会公共服务不仅相对于人民日益增长的需求是稀缺的，而且分配相当不均匀，部分大城市和央企享受远超于平均水平的公共服务，如养老金、子女教育和医疗保险等；而广大小城镇的居民和农村居民连维持最基本的公共服务都很困难。《中共中央关于制定国民经济和社会发展第十三个五年规划的建议》中明确，在“十三五”的五年里，要努力实现“就业比较充分，就业、教育、文化、社保、医疗、住房等公共服务体系更加健全，基本公共服务均等化水平稳步提高”。2015 年 11 月 30 日，中央办公厅副主任孟祥峰十八届四中全会后专门在 2015 年第 23 期《求是》上撰写题为《增加公共服务供给》的文章，详细阐述中央关于在“十三五”期间提高公共服务均等化的措施：

《建议》强调，加强义务教育、就业服务、社会保障、基本医疗和公共卫生、公共文化等基本公共服务，努力实现全覆盖。这是增加公共服务供给的主攻方向，主要包括：推动义务教育均衡发展，完善资助方式，实现家庭经济困难学生资助全覆盖；完善就业服务体系，打破城乡、地区、行业分割和身份、性别歧视，维护劳动者平等就业权利；建立更加公平更可持续的社会保障制度，将低保政策与扶贫政策有效衔接，对贫困人口应保尽保，确保困难群众基本生活；深化医疗卫生制度改革，为群众提供安全有效方便价廉的基本医疗和公共卫生服务，对因病致贫的提供医疗救助保障；加快基本公共文化服务标准化、均等化发展，推动文化资源向城乡基层倾斜，更好保障人民群众基本文化权益。

除了敢花钱，政府也为消费升级打基础。每一次消费升级都会带来社会经济的巨大增长，正如 20 世纪 80 年代的衣食消费，90 年代的家用电器消费和新世纪的房产消费。经济增长和社会发展带来我国居民再次升级消费的需求。李克强总理在 2016 年政府工作报告中阐述："适应消费升级趋势，破除政策障碍，优化消费环境，维护消费者权益。支持发展养老、健康、家政、教育培训、文化体育等服务消费。壮大网络信息、智能家居、个性时尚等新兴消费。鼓励线上线下互动，推动实体商业创新转型。完善物流配送网络，促进快递业健康发展。活跃二手车市场，加快建设城市停车场和新能源汽车充电设施。"

在很长时间里，我们把养老、医疗、教育等排除在消费之外，认为这些是社会保障，做好这些是为促进消费打下了基础。李克强总理的提法让人耳目一新，养老、医疗、教育等本身就是一种消费。这与中国目前的发展国情特别契合。随着生育的减少，寿命的增加，中国正在步入老龄化社会。很多专家都预测，再过20年，中国将和日本一样，成为“银发国度”。因此，国人对养老的需求将不断增加，养老本身就是消费的一部分。随着收入的提高，中国越来越重视身体健康，在医疗上的支出占比将逐渐增长。中国人自古以来就有对教育的热情，只是有时因生活所迫无暇学习，甚至不得不中断孩子的教育。现在随着人们收入的提高，以及社会对教育水平的需求，中国既有能力也有动力参与更多的教育。与中国人对养老、医疗、教育等方面日益增长的需求相对应的是中国不完善的社会保障体系。中国公共财政过多地用于行政领域，对这些领域的投入严重不足。2013年6月8日，李克强总理在河北主持召开环渤海省份经济工作座谈会时发表讲话指出，通过压缩行政开支特别是“三公”经费保障民生支出。这是未来工作五项重点之一。

当代社会是信息社会，一个国家信息化程度直接决定着国家未来发展的速度和质量。对于多数人来说，信息消费可能是一个比较新的名词。其实信息消费就在我们身边，我们购买宽带网络服务就是信息消费，我们买WiFi设备就是信息消费，我们买手机流量实际上也是信息消费。当然，对于国家来说，信息消费不可能只局限于这一小块内容，信息消费还包括信息和生产的结合、信息和物流的结合，等等。2013年11月，党的十八届三中全会指出将设立国家安全委员会；2014年2月27日，中央网络安全和信息化领导小组宣告成立，习近平总书记亲自担任组长，可见新一届领导班子对信息化的重视程度。

中国消费不振，是数十年的沉疴，指望一朝一夕出台几个政策消费就能迅速高涨，是不现实的。但随着李克强总理提出的消费热点逐步实施，财政支出对消费领域的扶植力度逐步增大，可以预期中国人被压抑了数十年的消费欲望有望逐渐释放出来。

四 投资：如何降低企业成本

2015年12月召开的中央经济工作会议重点阐述了2016年经济工作的五大重点，其中第二项就是帮助企业降低成本，主要内容包括：降低企业税费负担，进一步正税清费，清理各种不合理收费，研究降低制造业增值税税率；降低社会保险费，研究精简归并“五险一金”；降低企业财务成本；降低电力价格，推进电价市场化改革，完善煤电价格联动机制；降低物流成本，推进流通体制改革。

这些措施中部分已经付诸实践，如降税和降低电力价格。2014年年底，国务院要求从2015年1月1日至2017年12月31日，将享受减半征收企业所得税优惠政策的小微企业范围，由年应纳税所得额10万元以内扩大到20万元以内，并按20%的税率缴纳企业所得税，增加支农再贷款200亿元、支小再贷款300亿元，针对小微企业的一系列所得税、营业税等的优惠措施扩大。同时，国家还加大了对部分资源原材料以及相关产品的出口退税力度，铁矿石资源出口由减按规定税额标准的80%征收调整为减按规定税额标准的40%征收。为促进文化等现代服务业发展，2015年10月30日，出台了对影视服务、离岸服务外包等出口服务适用增值税零税率政策。2012年启动的“营改增”已将范围扩大到“3＋7”10个行业里（交通运输业、邮政业、电信业和7个现代服务业），截至2015年6月底，全国纳入“营改增”试点的纳税人共计509万户，已累计减税4848亿元。2016年1月11日，《人民日报》以《5000亿元企业减税空间是可以承受的》为题报道：

“简并税率将成为下一步的改革方向，现在制造业税率是最高的17%，因此，在营改增的基础上，制造业增值税率仍有进一步下调空间。”中国社科院财经战略研究院财政研究室主任杨志勇说，中央经济工作会议提出，研究降低制造业增值税税率，这是将税制改革与制造业减负统筹考虑。因此，降低制造业增值税税率，不宜理解为只是对制造业减税，而应理解为增值税制的优化，既有解决制造业的增值税基本税率偏高的需要，也有增值税税率简并的要求。适用17%税率的行业，应该逐步向适用11%的行业靠拢。

…………

“降低税负，减少支出，可以使企业有更多的资金完成对产能的置换、对设备的更新，达到最终的绿色、高效生产。”该公司财务部门主管会计吴松降告诉记者，企业先后利用购进设备抵免企业所得税等方式推动产能置换，淘汰现有的2台水泥磨，置换后产能从35万吨提高至270万吨，由于采用全数字变频装置对风机进行调速，节省电能大约25%～30%。“如果制造业增值税率能够降低，企业将有更多资金用于设备更新换代。”

电费是本轮降低企业成本的另一个重头戏。2015年4月18日的国务院常务会议决定，为降低企业成本、稳定市场预期、促进经济增长、有扶有控调整产业结构，适当下调燃煤发电上网电价和工商业用电价格。一是按照煤电价格联动机制，下调全国燃煤发电上网电价平均每千瓦时约2分钱。二是实行商业用电与工业用电同价，将全国工商业用电价格平均每千瓦时下调约1.8分钱，减轻企业电费负担。继续对高耗能产业采取差别电价，并明确目录，加大惩罚性电价执行力度。电力降价取得了明显的成效，2015年10月，有媒体报道，中国铝业连城分公司推迟关闭铝生产的计划，主要原因就是电价降低。

降成本成为2016年两会的重点话题。《惠州日报》报道，人大代表、TCL集团董事长李东生提出降低增值税：“降低增值税税率，不仅有利于扩大国内消费，同时也能降低国内外商品的差价，留住国民到海外的消费需求。目前国内赴海外消费已经超过万亿，国人到海外消费，有产品质量的因素，也有海外价格较低的原因。对比世界部分国家的增值税税率，中国的增值税税率相对较高，有降低空间。”降低成本后，企业有更多的动力投资改造，转型升级，招聘更多的工人，以及给工人更高的工资。这些都会扩大内需。

除了“降成本”，政府还有一些事情可以做、应该做。在基础设施和民生领域，我国有许多短板，产业亟须升级改造，这些领域投资大、回报期长、社会效益明显，是需要政府投资的地方。2016年政府工作报告中，李克强总理专门提到：“今年要启动一批‘十三五’规划重大项目。完成铁路投资 8000 亿元以上、公路投资1.65 万亿元，再开工 20 项重大水利工程，建设水电核电、特高压输电、智能电网、油气管网、城市轨道交通等重大项目。中央预算内投资增加到 5000 亿元。深化投融资体制改革，继续以市场化方式筹集专项建设基金，推动地方融资平台转型改制进行市场化融资，探索基础设施等资产证券化，扩大债券融资规模。完善政府和社会资本合作模式，用好 1800 亿元引导基金，依法严格履行合同，充分激发社会资本参与热情。”同样在 2016 年两会上，《劳动法》成为热门话题，财政部部长楼继伟多次提到，现行劳动合同法是以标准工时制为基础，不适合灵活用工。对于外向型的以加工贸易为主的企业，在“没有订单的时期会比较为难”。此外，薪酬的过快上涨可能造成企业成本上升，使企业迁至其他国家，最终减少劳动者就业机会，损害的还是劳动者的利益。随着我国人力成本的高企，为企业减轻人力成本也是重要措施。

第四章　可持续发展

中国经济还处于发展中阶段，但资源环境矛盾已经十分突出，必须加大节能环保力度。应对气候变化，既是中国作为一个负责任大国应尽的义务，也是我们自身发展的迫切需要。中国加强生态文明建设只会前进，不会倒退。我们已提出向污染宣战，并认真履行相应的国际责任，正在研究 2030 年前后中国控制温室气体排放行动目标，这其中包括二氧化碳排放峰值、碳排放强度比例下降、非化石能源比重上升等。中国推进绿色、循环、低碳发展不仅有决心，而且有能力，我们将紧紧依靠科技创新，进行艰苦卓绝、持续不断的努力，来加大环境治理力度，加快发展节能环保产业，着力完成节能减排任务，与世界各国一道为应对全球气候变化采取实实在在的行动。

——2014 年 9 月 10 日　李克强总理在达沃斯夏季论坛致辞

【导读】

某机构评选 2013 年最佳创业城市，北京既获得多个第一，也兜底几个倒数第一，被称为“让人爱恨交加、欲去还留的城市”。她的文化底蕴、政治资源、人才优势、资本魅力……让人难以割舍，但拥堵不堪的交通、高企的房价、雾霾、浮躁和焦虑症令人心理难以亲近……城市严重超载、缺乏政策弹性空间、及早透支未来资源、社会生态恶化，成为现代城市的隐痛。而2013年12月公布的《全国资源型城市可持续发展规划（2013—2020年）》直接将资源型城市分为成长型、成熟型、衰退型和再生型四类，可持续发展问题被提到了前所未有的高度，它决定了一个城市，乃至一个国家、一个社会的品质和成长。

可持续发展指的是“既满足当代人的需求，又不对后代人满足其自身需求的能力构成危害的发展”。自20世纪70年代提出以来，可持续发展逐渐被世界各国接受。早在20世纪中国就把可持续发展提到国家战略的高度，提出“可持续发展战略”。然而，由于理念和行动之间存在巨大的鸿沟，时至今日，我国仍然存在着与可持续发展相悖的现象。人们一直认为环境问题是市场失灵的典型表现，强调政府在解决可持续发展问题中的中坚作用。实际上，市场机制作为一种配置资源的方式在所有领域都可以发挥良好的作用。李克强总理正是看到了这一点，提出通过厘清政府和市场的关系，发挥市场在调节资源上的基础作用来解决好可持续发展的问题。

一 可持续发展离我们有多远

可持续发展是一种什么发展呢？可持续发展是既满足当代人的需求，又不对后代人满足其需求的能力构成危害的发展。它们是一个密不可分的系统，既要达到发展经济的目的，又要保护好人类赖以生存的大气、淡水、海洋、土地和森林等自然资源和环境，使子孙后代能够永续发展安居乐业。

简单地说，可持续发展就是这一代人有发展，到了下一代人也有发展。我们中国做到了可持续发展吗？在前面30年的时间里，中国一直保持了8%以上的经济增长速度，这一代人的发展需求固然是满足了，但是，从资源、能源和环境角度来看，下一代的发展需求已经受到严重影响，这就是李克强总理说的“能源、资源、环境等瓶颈制约”。

我国的资源能支持可持续发展吗？在谈到中国的资源时，一句话成为经典：我国既是一个资源大国，又是一个资源小国。从资源总量上看，我国是资源大国；从人均资源拥有量来看，中国又是资源小国。

从总量上看，我国是一个资源大国，我国耕地面积居世界第四，森林面积居世界第六，矿产资源储量居世界第三，等等。然而，资源再多也架不住人多啊。中国的资源排名是第三第四，看起来很靠前了，但是跟人口的排名一比，那就差远了，中国的人口排名可是世界第一。结果就是人均资源中国很寒碜：人均耕地占有量只有世界人均值的1/3，人均森林占有量只有世界人均值的14%，矿产人均占有量只有世界人均值的3/5，等等。可能这些数字引不起大家的直观感觉，举一个水资源的例子大家就明白了。众所周知，以色列是一个沙漠国家，水资源极度匮乏，但是河北的人均水资源量比以色列的还要低。可怜吧？有人开玩笑说，中国大概只有一项资源既能在总量上占世界第一，也能达到世界平均值，那就是劳动力资源。

面对如此稀缺的资源，中国还存在着严重的资源浪费问题。中国科学院发布的《2002中国可持续发展战略报告》中公布：如果全球平均综合发展成本为1.00，中国平均综合发展成本为1.25。也就是说用1美元在世界平均状况下可办到的事，或在美国用0.7美元能办到的事，在中国就需花费1.25美元。

从资源上看，以目前生产经营方式来看，中国离可持续发展还有很远的距离。从能源上看，这种距离就更大了。能源是一种特殊的资源，绝大多数能源，如煤炭、石油、天然气等等。如果说在其他资源上中国还有总量上的优势，只是在人均保有量上是劣势，那么在能源上中国连总量上的优势都不明显。从总量上看，中国只有煤炭储量还比较大，剩余探明可采储量约占世界的13%，排名世界第三；石油是目前世界上最通用的能源，中国的储量只有60亿吨，在世界上只排名第八；天然气被认为是目前最清洁的石化能源，我国的总储量38亿立方米，在世界上只排名第十。从人均上看，我国的能源就更不够用了：煤炭人均占有量是世界平均值的1/2，天然气人均占有量也只是世界平均值的1/2，石油人均占有量只有世界平均值的1/9。我国的人均消费量则是和世界平均值齐平，多出来的部分都是从国外进口，2011年我国石油对外依存度达到56.6%。同样，在能源使用上，我国也存在严重的浪费。《中国能源报》2013年2月20日专文指出：

一方面是采1吨煤扔6吨煤，另一方面是为了应对“无限增长”的煤炭供应数千座新矿井大干快上。由于技术设备和采矿方法落后，中国煤矿的回采率长期在低水平上徘徊，目前全国国有大型煤矿的平均回采率仅在40%左右，特别是小煤矿的平均回收率只有10%～20%。数不胜数、遍布全国的小煤矿、小煤窑，更是大手大脚，无情地“蚕食”着煤炭资源。

一方面是由于缺电而拉闸限电，另一方面是电力浪费现象依然随处可见。我国是用电大国，电站数量也是世界第一，为何年年拉闸限电，还是未能缓解电荒？君不见：室内能见度很好的上午，几盏大吊灯毫无顾忌地开着；商场里冷气大开，但门也大开；展示形象的亮灯工程彻夜不熄；多数家庭从不把白天不用的家用电器插头拔掉；关闭电脑主机后不关显示器、不关打印机电源开关的现象十分普遍。如果全国所有的办公电脑下班后都如此“关闭”，每年浪费的电将在12亿度以上……这绝不是大惊小怪，更不是耸人听闻。

人类的生活生存和繁衍发展都离不开良好的环境，当环境恶化到一定的程度，人类社会就会崩溃，根本谈不上什么可持续发展。曾经肥沃的新月地带哺育出世界上最早的文明——“古巴比伦文明”，而现在则是一片不毛之地，这就是环境对人类生活巨大影响力的明证。中国目前的环境污染已经十分严重。以水污染为例，我国江河湖泊普遍遭受到污染，全国75%的湖泊出现了不同程度的富营养化；90%的城市水域污染严重。空气污染也是如此，作为首善之区的北京都无法避免。2013年1月，北京连续多天发生严重雾霾天气，呼吸道疾病大幅增加。

习近平主席在哈萨克斯坦纳扎尔巴耶夫大学回答学生提出的问题时曾说：“中国明确把生态环境保护摆在更加突出的位置。我们既要绿水青山，也要金山银山。宁要绿水青山，不要金山银山，而且绿水青山就是金山银山。我们绝不能以牺牲生态环境为代价换取经济的一时发展。我们提出了建设生态文明、建设美丽中国的战略任务，给子孙留下天蓝、地绿、水净的美好家园。”这是在为我国的环境保护事业指明方向，以污染环境为代价的经济发展旧路径不可能在持续下去。呼应习近平总书记的号召，2013年12月16日，国务院常务副总理张高丽在2013年第24期《求是》上发表题为《大力推进生态文明　努力建设美丽中国》的文章，文章中写道：

推进生态文明建设是保持我国经济持续健康发展的迫切需要。一直以来，人口多、底子薄、发展不平衡是我国的基本国情。现在还应看到，能源资源相对不足、生态环境承载能力不强也已成为我国的基本国情。经过30多年快速发展，粗放的发展方式已难以为继。2012年，我国经济总量约占全球的11.5%，却消耗了全球21.3%的能源、45%的钢、43%的铜、54%的水泥；原油、铁矿石对外依存度分别达到56.4%和66.5%，排放的二氧化硫、氮氧化物总量已居世界第一。我们必须更加自觉地推动绿色发展、循环发展、低碳发展，加快转变经济发展方式，改变资源消耗大、环境污染重的增长模式，努力走出一条代价小、排放低、效益好、可持续的发展路子。

二 可持续发展，市场还是政府

李克强总理强调，以“处理好政府与市场的关系”为突破口推进可持续发展，这正是针对一种社会上一直有的声音而说的，就是政府要起主导作用，市场应该让位于政府。

市场是调节资源的有效方式。改革开放之前，中国实行计划经济，结果连温饱问题都解决不了，改革开放之后实行市场经济，短短的三五年的时间里，中国人就摆脱饥馑之虞。市场经济的力量可见一斑。然而，根据经典的经济学理论，在环境保护问题上，市场是失灵的。

理由之一是外部性。什么是外部性？举个例子，当一家污染很严重的企业在河边设立了一个工厂，原先企业严格按照国家法律的要求对污水进行处理，当然处理污水是需要成本的。之后某一天，这家企业的老总突然觉得，我干吗要处理污水呢？这浪费了我多少钱啊？于是，这家企业开始停止污水处理器的工作，任由污水直接流到河里。由于不需要处理污水，这家企业的利润如飞猛进。然而，成本不是没有人负担的，河水受到污染，河两岸的人们倒了大霉，他们替企业承担了成本。也就是说，企业直接排放污水，收益由企业拿到了，而成本由河两岸的居民承担了，这就是外部性。

外部性真的会使市场失灵吗？刚去世不久的经济学家科斯给予了否定的回答。科斯提出，只要产权明晰，那么经济的外部性就可以解决。再以向河里排放污水为例。当政府规定，居民有享用清洁河水的权利时，居民自然会向排放污水的企业讨回公道，要求企业治理污水。如果政府规定企业有权利排放污水，那么，居民为了享受清洁的河水会出钱治理。无论哪种情况，河水都会变得清洁。

另一个理由是公地悲剧。一个向众人开放的牧场，在其中每个牧羊人的直接利益取决于他所放牧的牲畜数量的多少。由于在缺乏约束的条件，每个牧羊人虽然明知公地会退化，但个人博弈的最优策略仍然只能是增加牲畜数量，久而久之，牧场可能彻底退化或废弃。这就是“公地悲剧”。中国内蒙古草原沙漠化的问题特别严重，很大程度上就是“公地悲剧”。

其实这种情况下，市场也可以发挥作用，前提同样是产权明晰。未来的某一天，政府把所有内蒙古草原分到每个经济主体手里，比如说，把一个几千亩的草地分给了牧民巴特尔，那巴特尔还会肆无忌惮地增加牲畜的数量吗？肯定不会，今年增加了，明年土地就要沙漠化，以后吃什么去啊？环境自然就得到保护了。

此外，如果产权明晰，保护环境的产业也会发达起来，因为保护环境是有经济利益的。当政府规定居民有享受清洁河水的权力，产生污染的企业为了避免吃官司就要想方设法处理污水，相应的污水处理企业就可以获得大的发展。当政府把一片草原划给了巴特尔，巴特尔为了以后有饭吃，肯定要千方百计寻找不让草原沙漠化的途径，这样治理沙漠化的企业就会兴旺起来，就像改革开放以后粮食种植兴旺起来一样。2013 年 9 月 4 日《新京报》刊文说：

让科斯获得诺贝尔奖的两篇文章，1937 年的《企业的性质》，20 世纪 60 年代的《社会成本问题》，也恰是在这两个不同阶段写下的。

在《企业的性质》中，科斯在经济分析中引入了交易费用的概念，他解释了为什么有时候价格机制决定了资源配置，而有时候企业家决定了资源配置。交易费用的引入使得人们意识到，市场的运行并不是免费的，价格机制也并不免费，而企业的出现节约了交易费用。

企业既然节约交易费用，是不是企业会越来越大呢？科斯认为企业存在着“组织成本”，虽然节约了交易费用，但带来了“组织成本”。

科斯的另一篇重要论文《社会成本问题》则撰写在芝加哥时期，科斯从讨论牛吃了农夫的庄稼，会不会导致牛肉或庄稼的成本变化出发，得出在权利界定明晰、交易费用为零的情况下，资源的配置是不受法律判定影响的；而在交易费用为正的情况下，不同的制度安排，配置资源的效率各不相同。

在可持续发展中，市场应该起到基础性的作用，那么政府应该起到什么作用呢？前面的讨论中可以发现，所有市场机制起作用的前提是“产权明晰”，政府应该做的事情就是明晰产权、保护产权。市场的机制在于各自在有效利用自己拥有的资源做有利于自己的事情，在有利于自己的同时促进社会的整体福利。在不知道自己拥有什么的时候，市场是无所作为的，正像市场也无法促进大锅饭式的国企提高效率。

三 政府正当作为，企业大有可为

前面我们分析了，在推进可持续发展的过程中，市场应该发挥配置资源的基础性作用，政府应该是明晰产权。这也就是李克强总理的思路。李克强总理说：“处理好政府与市场、社会的关系。经济领域要更多发挥市场配置资源的基础性作用，社会领域要更好地利用社会的力量，包括社会组织的力量，把应该由市场和社会发挥作用的交给市场和社会”。国务院副总理张高丽在《求是》上《大力推进生态文明　努力建设美丽中国》的文章中指出：“坚持政府主导、企业主体、多方参与、全民行动的基本工作格局。”

政府的作为就在我们前面讨论的明晰产权。产权归属是一件极为困难的事情，有些产品，比如说清洁的河水，从来没有明晰过产权，曾经谁也不知道该归谁，是居民有享受清洁的河水的权力，还是企业有向河水里排放污水的权力？明晰产权并不是一个单独过程，而是糅合在很多过程之中的，比如，国家的立法过程就是一个明晰产权的过程。如果国家制定的环境保护法律中规定，企业必须治理污水，那么就是赋予居民享受清洁河水的权力；如果环境保护法律中规定，企业有权向河里排放污水（这并不是想象，很多国家是赋予企业排污的权力，比如西方国家规定，每个企业可以向空气中排放多少二氧化碳），那么就是赋予了企业排放污水的权力。当然，按照理论分析，无论哪种赋权方式，市场都能保证资源有效配置，但最终的状态是不一样的。因此，政府应该谨慎从事。

此外，在明晰了产权之后，保护好产权也是一个严峻的挑战，当政府规定居民有享受清洁的河水的权力，企业不得向河里排污之后，企业置之不理，排污如旧，那么这样的“产权明晰”肯定起不到保护环境、激励微观经济主体保护环境积极性的作用。这样的事情在中国并不鲜见。以矿权为例，很多地方对私有产权的保护是不够的，政府朝令夕改，开采权随意更改。结果是每个人在拿到开采权之后想到的第一件事情就是短时间内开采出尽可能多的矿产，而不管是不是毁坏了矿藏未来的开采能力。这件事在山西的煤矿产权上尤为明显。山西的煤矿产权多次反复，煤炭行业差的时候就允许民营经济获得煤矿产权，煤炭行业好的时候则把煤矿产权收归国有。“有恒产者有恒心”，变幻莫测的产权使得煤老板们根本不能做长远打算，只能抱着捞一票走人的心态。新华网 2013 年 8 月 8 日刊载的一篇文章可谓入木三分：

“有水快流”的小煤矿办矿体制，使得小煤矿产权和行政隶属关系十分复杂。在 30 年的小煤矿发展进程中，一些小煤矿在采矿权人未经法定变更的前提下，多次非法转让；有的煤矿经营者私下签订投资协议；有的煤矿在不具备安全生产条件、不符合产业政策的情况下，引进外地投资者盲目经营；更有抱着“炒一把、捞一把”想法的外地游资总是钻空子试图非法“买矿”或“卖矿”；极少数外地投资者受利益驱动，为了取得小煤矿的实际控制人地位，甚至不惜花费“黑钱”。久而久之形成了采矿权人、法人代表、非法承包人、私下投资人、实际控制者十分混乱的“治理格局”。细心的人会发现，前些年发生安全事故的多数就是这种关系复杂、管理混乱的煤矿。

一旦厘清政府和市场的边界，明晰了产权，环保企业就大有可为。在环保领域一个政策一项法律催生一个行业的事情并不鲜见。以碳交易为例，在几十年前，恐怕没有哪个企业可以靠帮助其他企业降低二氧化碳排放量来获得利润，但现在由于《京都议定书》的签订，发达国家都有二氧化碳排放量的指标，国家又把这些指标细分给每个企业，一旦企业的二氧化碳排放量超过限额，就必须支付费用。降低二氧化碳排放量这一行业应运产生。中财网曾有文章分析：

随着碳排放交易实施，企业将分化，对于剩余大量碳配额企业而言，将通过碳交易市场卖出碳配额，每年如果能从中盈利，势必有更大动力推进企业节能减排，而随着交易量上升，涉碳交易中间委托业务也将增加。而对于碳排放量很大，急需碳配额企业而言，短期被迫从市场上买入碳配额，而中长期势必迫使其大幅减低碳排放，最大可能就是企业引入清洁能源机制项目，大力整改企业生产能耗，以降低高能耗，高排放给企业带来的高额碳排放成本。因此，CDM（清洁能源机制）业务预期将得到大幅扩张，看好 CDM 概念存在的市场投资机会。

除了某些环保的政策或法律可以刺激产生某些行业外，某些环境污染的重要事件会刺激一些环保行业的爆炸性增长。经历了

2013年初大范围的雾霾天气，中央政府以及北京、河北等地政府决定全力解决空气污染问题，在1月24日，国家环保部部长周生贤在2013年全国环境保护工作会议上强调："PM2.5防治要提升到国家层面进行约束性控制。"很多环保产业的企业因此获益。《大公报》2013年2月6日曾作了报道：

"国家会加大投入，大气治理是下一步环保重点，70%左右的城市不能达到新的环境空气质量标准，这恰恰是福建龙净环保的主业和强项，正契合发展轨迹。"福建龙净脱硫脱硝工程有限公司副总罗龙介绍，目前龙净环保研发的乾法脱硫技术业务主要集中在北方雾霾严重地区，如钢铁、冶金等行业，这些行业又多布局在城市周边。"市场一直在增加，去年主要市场在上海、合肥、江西、新疆等地。"

同样受惠于大气污染治理的江苏科行环保科技总经理助理祁成江表示，企业去年的销售收入比2011年增长了60%。目前除尘器和脱硝设备车间的订单剧增。他还透露，公司所在的江苏盐城环保产业园内，多数环保设备制造企业的订单已排到了今年下半年。

政府在这方面的思路越来越清晰，在2016年《政府工作报告》中，李克强总理提出："大力发展节能环保产业，扩大绿色环保标准覆盖面。支持推广节能环保先进技术装备，广泛开展合同能源管理和环境污染第三方治理。加大建筑节能改造力度，加快传统制造业绿色改造。开展全民节能、节水行动，推进垃圾分类处理，健全再生资源回收利用网络，把节能环保产业培育成我国发展的一大支柱产业。"2016年"两会"上，人大委员长张德江表示，坚持绿色发展，促进生态文明建设，构建最严格的生态环境保护制度，修改水污染防治法、海洋环境保护法、野生动物保护法等。

第二篇

调结构：

供给侧结构性改革驱动中国全面转型升级

第五章　区域结构优化

解决区域发展不平衡问题，既是结构调整的重大任务，也是激发巨大发展潜力的重要途径，关键要建立有效的促进机制。要在实施好西部大开发、东北振兴、中部崛起、东部率先这一区域发展战略部署的基础上，谋划区域发展大棋局，由东向西、由沿海向内地，依托大江大河和陆路交通干线，培育新的区域经济支撑带，形成新的增长极，构建我国梯度发展新格局，促进区域均衡、协调发展。要依托长江建设经济增长新支撑带，同时加快其他新支撑带建设的研究规划。推进长三角地区经济一体化，深化泛珠三角区域经济合作，加强环渤海及京津冀地区协同发展。为此，要着力消除市场分割、地区封锁和行政性垄断，依靠市场力量和区域差别化政策引导，促进统一市场形成，开展公平竞争。建立多元的投融资机制，支持发展跨区域大交通、大流通，构建基础设施互联互通新体系。要针对跨区域、次区域和经济新支撑带发展，提高区域差别化政策的精准性，促进区域基本公共服务均等化。

——2014年5月　李克强总理《关于深化经济体制改革的若干问题》

【导读】

区域之间的均衡发展是我国政府孜孜不倦的追求，但事实是我国区域之间的巨大差异。区域之间经济水平的巨大落差、经济结构的严重错位和经济政策之间的频繁龃龉几乎成为我国经济的痼疾。如何平衡区域经济水平，如何调节区域经济结构、如何协调区域经济政策，成为李克强总理不得不考虑的问题。国外的经济史表明，区域结构优化的最好武器正是李克强总理高度关注的“市场化”。市场化并不是政府什么事情都不做，相反，市场化是要求政府更好地做事情。地方政府和企业应该在区域经济优化过程中扮演积极角色。

一 中国的区域经济怎么了

有人用“一个国家，四个世界”来形容中国的经济现实：北上广等大城市和世界上任何一个发达国家相比，都不逊色，是为第一世界；二线城市，如大连、青岛、各省省会，类似于中等收入国家，是为第二世界；一些二三线的小城市为第三世界；而广阔的农村和西部地区的部分小城镇就是第四世界了。

话虽尖刻，但是占理。中国区域经济的三大痼疾——经济水平的巨大落差、经济结构的严重错位和经济政策之间的频繁龃龉——确实让中国看起来不像是一个统一的经济体。

痼疾一：经济水平的巨大落差。中国东南沿海地区经济发展水平之高，经济之繁荣，几乎可以超越任何一个发达国家。人们从事工业、商业或者服务业，不知稼穑，充分享受着现代化带来的舒适与便利，乘坐地铁往来于城市的各个角落，到超市购买不知是从法国还是从澳大利亚进口来的商品。然而，在广大的西部，尤其是西部农村，现代社会似乎与他们没有关系。虽然不至于刀耕火种，但机械化农业也比地平线还要遥远；想外出则是先坐拖拉机，甚至先骑马；绝大部分消费品是自家土地上出产的粮食蔬菜，除了少数几种日用品，几乎不需要货币。

痼疾二：经济结构的巨大错位。一个运行良好的经济体各个区域之间一定会形成密不可分的整体。然而，中国东西部经济之间的联系可能尚不及东部沿海地区和欧美经济联系之紧密。以能源为例，我国东部工业经济大量需要煤炭，而西部的新疆是煤炭生产地区，但是由于受限于东西部铁道运输能力，东部地区不得不从澳大利亚等国家进口煤炭。另一个例子是棉花，新疆是棉花主产区，但高昂的成本让东部的棉纺织企业望而却步，宁可从海外进口棉花，也不愿意使用新疆棉花。

痼疾三：频繁的政策龃龉。有人说中国的经济是“诸侯经济”，这话概括了中国各个地方之间的经济关系。虽然台面上，各个地方政府的官员领导人都说要协调发展共同发展，实际上相互掣肘之处甚多。以长江水路运输为例，重庆等地区要求拆除武汉、南京两处长江大桥，拆除之后万吨巨轮可以沿长江直达重庆，而武汉、南京两地则坚决拒绝这样的提议，南京市副市长曾言：“拆掉了南京长江大桥，南京的港口怎么办？南京长江大桥还要用50年。”学者武力和肖翔在2012年第12期《中共党史研究》上发表《不均衡与均衡：中国经济发展的历史与逻辑——兼对十六大以来党关于经济发展思路和政策的考察》一文中：

就区域之间的发展差异来说，东、中、西部的区位条件、原有基础以及政策倾斜等条件的差异，使得改革开放以来东、中、西部地区之间的差距呈现出不断扩大的趋势。从1980年到2002年，东部地区名义GDP年均增长速度与中、西部地区相比，分别高出1.6个和1.7个百分点，其中，1980—1990年，东部地区名义GDP年均增长速度只比中、西部地区分别高0.93个和0.5个百分点；90年代以后，随着东部市场化程度的不断提高，非公有制经济的迅速发展，特别是对外开放领域的不断扩大，东部发展动力明显强于中、西部，名义 GDP 年均增长速度比中、西部分别高 2.2 个和 2.8 个百分点。

曾有人说，中国省份之间的差距，比欧盟 20 多个国家之间的差距还要大。实际上经济水平的巨大落差确实会造成国家的动荡甚至分裂，比如说美国的南北战争。马克思曾指出：

当前南部与北部之间的斗争不是别的，而是两种社会制度即奴隶制度与自由劳动制度之间的斗争。

从意识形态上说，南北战争是因为在黑奴问题上南北双方持不同意见，仔细观察的话就会发现，经济的不均衡是战争的一大动力。19 世纪前半叶，美国的北方已经基本完成了初级的工业化，经济以工业为主，而南方则以农业为主。这一差别导致南北双方在各项主要经济政策上意见相左。北方的工业需要大量的劳动力，因此主张劳动力自由流动，而南方的庄园经济则要求把黑奴束缚在土地上；北方的工业需要广阔的市场，因此主张高额关税以对抗欧洲工业品的输入，而南方则是工业品的消费方，西方低关税来享受价格低廉的欧洲工业品；北方希望获得工业原料，如棉花，而南方则更希望出口给欧洲。在如此之多的问题上对立，南北之间的冲突几乎不可避免。《美国经济史》写道：

“南北战争”基本上是一个地方性的经济上的冲突。它既不是我国（美国，编者加）历史上第一次地方性的矛盾，也不是最后一次的矛盾。……

两个地区矛盾的基本原因在于：南部主要是一个农业地区而北部却日益趋向于工业。这是一向农场经济和新兴的工业资本主义的摩擦。建筑在农场制度之上而为棉业兴起以后所继续的殖民地农业生活，使“南部”趋向于成为一个农业和出口的地区，工业十分薄弱。如此相反，“北部”却正在逐渐地发展着一种商业和工业生活。利益的冲突首先表现在关税问题上面。

可见，区域结构优化在所有的大国都不单纯的是一个经济问题，而是复杂的经济、社会政治纠结的问题。解决不好这个问题，社会的不稳很可能旋踵而至。

二 政府干预无出路，市场经济是方向

长期以来，我国都非常重视地区之间的均衡发展。新中国成立之初，为了改善中西部地区的经济结构和人口素质，大量的高等院校迁往内地。之后，每年都会向中西部地区调运大量物资，千禧年之际更是提出“西部大开发”战略。然而，这么多措施之后，我国的区域经济发展仍然不尽如人意，为什么？很大程度在于我国始终采用的是政府直接调配经济。苏联就是一个明显的例子。

稍微有一些历史知识的中国人都会关注苏联解体，并提出自己这样或那样的看法。不知道有多少中国人知道苏联这个国家的第一条裂缝出现在哪？在民族主义。从波罗的海三国大游行到纳—卡州事件，再到后来的独联体，是民族主义真正埋葬了苏联，而民族主义背后则是经济。苏联幅员 2200 多平方公里，有 140 多个民族，国内经济发展极为不均衡。苏联的欧洲部分如乌克兰，白俄罗斯和波罗的海三国经济发达，亚洲部分，如土库曼斯坦、吉尔吉斯斯坦和乌兹别克斯坦等国家则经济落后。苏联中央政府为平衡地方经济发展，大量从欧洲加盟共和国，特别是乌克兰，无偿调配人力、物力和财力支援中亚加盟共和国国家；把中亚加盟共和国的油气资源调配到欧洲加盟共和国。本来中央以为这是一件双赢的事情，结果两头不讨好。欧洲加盟共和国认为无偿调配物资影响了自己的发展速度，而中亚加盟共和国则认为自己向外输送了大量的资源，自己的经济还是非常落后。如此之

下，加盟共和国之间，加盟共和国和中央政府之间的矛盾日益加深。《苏联兴亡史》分析道：

苏联幅员广阔，横跨欧亚两大洲，人口、资源分布很不平衡，经济文化发展水平参差不齐，因此，各加盟共和国都有自己不同的经济利益和要求。例如，波罗的海沿岸三国原先发展水平较高，居民生活水平在加入苏联前和瑞典、芬兰相近，第二次世界大战后却不断拉开了距离，因此，三国普遍感到并入欧盟“吃亏”了。乌克兰资源丰富，文化水平和劳动力素质较高，但联盟中央常无偿调拨其人力物力到其他地区，一定程度上影响了其自身经济的发展。经济相对落后的中亚各国，几十年来经济文化有了长足进步，但是与发达地区相比仍有差距，那里的人民也埋怨联盟未能帮助他们迅速改变落后面貌。

采用市场经济的国家在地区均衡方面要优秀得多。以美国为例，美国也是大国，地区之间差异巨大。南北战争之前，相对于北方南方经济落后很多，除了零星的采矿业，几乎没有工业。农业的产业结构也单一畸形，除了棉花和烟草，几乎不种植其他作物。南北战争后，南方更是一片萧条。当时美国有一句笑话形容南方的萧条，说：连乌鸦飞到亚利桑那州都需要自己带口粮。但是随后30多年之后，南方的经济发展迅速，其中虽然政府有一定的政策倾斜，但主要还是市场的力量主导了这场区域经济的再平衡。自由市场下，资源流向成本最低、利润最高的地方。南方丰富的资源和广阔的市场恰好同时提供了这两个条件。随着时间的推移，大企业逐渐向美国南部迁移，南方本土企业也获得长足进步。

我们还可以在另一个国内的例子看到政府调控和市场经济巨大差别，这就是长三角经济圈和京津唐经济圈。由于北京特殊的政治地位，京津唐经济区的市场化程度远低于长三角经济区。《21世纪经济报道》曾在2011年12月24日对“环京津贫困带”做了介绍：

2005年8月17日，亚洲开发银行资助的一份调查报告首次提出“环京津贫困带”的概念：在国际大都市北京和天津周围，环绕着河北的3798个贫困村、32个贫困县，年均收入不足625元的272.6万贫困人口。如果以150公里的直线距离计算，与北京接壤的河北省张家口、承德、保定三市就有25个国家级和省级贫困县。谓之“环首都贫困带”，名副其实。

…………

以赤城县为例。赤城是河北省的资源大县，境内矿产、水利、林牧业资源都很丰富。其中赤铁矿和磁铁矿储量均居全省第二位，沸石矿储量居亚洲第一。但是，由于赤城地处北京的上风上水区，供应了密云水库53%的上游来水，近几年，赤城县对资源开发实行了限制政策，共砍掉70多个可能造成水源污染的经济合作项目，造成每年损失利税近亿元；关停、压缩了59家企业，近千人因此下岗。

虽然自然条件恶劣，人口素质较低等因素或多或少都是环京津贫困带的原因，但是政府的干预是显而易见的——为了保证首都的供水供电，这些地区都限制发展工业。在市场经济条件下，一个地区限制另一个地区发展，必然要给适当的补偿，但在政府行政命令下，谈补偿是不可想象的：一个县城还敢和第一城市、首善之区讨价还价？

有人形容说，北京是黑洞经济，不断地吞噬周边的资源，而很少给周边带来什么；上海是辐射经济，不断地给周边带来资源，个中深层逻辑颇值玩味。《中国区域发展蓝皮书·2006》对该问题作了深入分析：

据专家分析，上海对周边地区的经济辐射能力带来的是龙头效应。上海作为“长三角”地区的龙头城市，其快速发展带动了相邻的江苏、浙江等相关地区的快速发展，其周边各个主要城市也主动和上海接轨、协调，主动接受上海的辐射和带动，“长三角”在上海的带动下，旅游产业蓬勃发展。

相比之下，北京却给周边地区的经济造成了“空吸”现象。虽然京津冀区域旅游合作的概念已经提出很久，但是没有实质性的进展，京津冀三地都是在相对独立发展，北京对两者的辐射作用微乎其微，甚至在很多时候是聚集效应大于辐射效应，形成了“空吸”现象，即人才、资源逐渐向北京集中，造成周边地区旅游发展相对迟缓，甚至在河北省内还存在着 32 个贫困县、3798 个贫困村，这些地区形成了“环京津贫困带”，贫困人口达到 272.6 万，三地旅游产业的发展尚未融合成为一个整体。

新中国成立以来，中央政府尝试过用各种方法优化区域经济结构，这其中行政命令多，而市场手段少。当我们看到美国和苏联的差别，看到长三角、珠三角和京津唐地区的差别，或许我们的目光应从“救急”和“就穷”上转移到如何形成国内统一大市场，如何保障资源在国内自由流动上来。

三 市场化下政府的“四大作为”，提升治理水平

市场化比政府调控更能优化区域经济结构，并不代表政府就可以站在一边当甩手掌柜了。政府在推进生产要素市场化，劳动力自由流动、打破地方保护主义和重塑中央地方关系等方面都要有积极的作为。

首先，推动生产要素的市场化。在改革开放 30 多年后，我国的市场化程度不断加深，生活资料基本已经实现了完全市场化，但是生产资料方面的市场化还差了很远，特别是各项资源的市场化方面还有很远的道路。以石油为例，中国主要石油储量在西部和东北

等经济比较落后的地区。如果我国的石油开采行业实现完全市场化，地方政府可以和石油开采企业平等谈判，那么这些地方将获得一笔不菲的资金改善居民生活或者进行投资。然而，现实是我国的石油开采行业由三大央企垄断，石油公司相对于地方政府极为强势。无论是就业还是税费，当地都无法从石油资源中获益。《经济观察报》在2013年11月22日曾经报道：

2012年11月15日，榆林市水土保持监督总站向长庆油田开出行政征收决定书，要求其缴纳2009年7月至2011年2月期间的水土流失补偿费约4.18亿元、2011年3月至2012年3月期间水土流失补偿费3.22亿元，两项共计7.4亿元。

由于我国2010年颁布的《水土保持法》对"水土流失补偿费"并无明确的全国统一标准，长庆油田一直认为陕西方面的征收标准过高，拒绝缴纳相关费用。

……

这已经不是双方的第一次博弈。

其次，推动劳动力自由流动。自20世纪50年代我国建立起户籍制度后，劳动力就不再可以自由流动。在长期的发展中，户籍制度成为严重的束缚。在世界大国中，美国是较好解决区域经济差异的国家，苏联则是反面教材，美国的人口完全自由流动，苏联则是中国户籍制度的老师。人是经济发展中最重要的因素，允许人口自由迁徙，劳动力才能从经济乏力的地区转移到经济活跃的地区，也才能把其他地区优秀的经济发展方式传递给落后地区。学者陆铭曾在2012年第18期《财经》杂志上发表《自由迁徙的经济价值》，文中说：

对一个大国来说，自由移民的重要性远不只是保障人们的权利。更为重要的是，只有当劳动力流动起来的时候，不同地区才能形成相互之间的分工与合作，有的地方造汽车，有的地方搞旅游。

地区之间形成经济上的相互依赖，是保持国家统一和市场整合的最有效途径。

劳动力自由流动了，人们就可以选择适合自己的生活方式。在地区之间，人口流动可以形成地区之间的竞争，如果一个地方的公共服务搞不好，我就走人，把钱、事业和潜在的税源全部带走。地方政府为了当地的税收，就必须搞好公共服务。现在，中国的地方政府不愿意多花钱提高公共服务，其实就和人口流动不自由有关。

更为严重的是，如果劳动力不能自由流动，地区之间的劳动生产率差距就不能顺利缩小，当地区之间的劳动生产率差距很大时，要在一国内部实施统一的货币和财政政策将后患无穷。

再次，打破地方保护主义。中国的地方保护主义严重影响了各地区形成合理分工、密切配合的有机整体。当部分企业想把工厂从沿海省份前往内地时，企业所在地政府往往就会表现出非常明显的不满。地方之间的壁垒不限于只是建厂，还表现在其他很多地方，比如歧视外地企业，政府采购中规定只允许本地产品投标等等。美国之所以能保持区域经济之间的大体均衡，很大程度上归功于美国国内形成了统一大市场，各个州之间无法构建贸易壁垒。学者杨国英曾在2012年3月12日的《新京报》上撰文《地方保护导致物流费用居高不下》，文中写道：

但是，现实中物流费用的居高不下，却给旨在降低物流费用的多条国家政策开了个巨大的玩笑。这种背道而驰结果的形成，其根源在于地方保护主义在作怪。

比如，经过多年谈判博弈的取消二级公路收费站，自2009年初就正式施行，可是直到现在，全国仍有逾千家二级公路还在收费，仅福建一省就有120个二级公路收费站仍在收费。

…………

地方保护主义导致物流费用的高企难下，还体现在我国路桥收费标准的节节攀升上，专项审计报告显示，在被审计的18个省市中，收费站点达4328个，平均每个省市240个。2010年，19家路桥上市公司毛利率高达59%，成为最暴利的行业之一。

最后，重塑中央地方关系。我国中央和地方的关系一直没有找到一个很好的平衡点，始终在中央过度集权和地方自行其是之间徘徊。1994年分税制之前，地方政府权力过大，税收大量集中于地方政府手里，1994年分税制之后，中央政府的财权大为扩张。此后，地方事权层层加码，最终形成地方财权小事权大的失衡局面。更严重的是，中央政府当时答应的转移支付没有形成严密的制度，往往是会哭的孩子有奶吃，真正贫穷的地方因为无力活动根本得不到支持，长此以往，越贫穷的地方越难得到支持，越难得到支持的地方越贫穷，陷入恶性循环。当年非常支持分税制改革的吴敬琏先生在1999年就开始检讨分税制。重塑中央地方关系，关键在于划分清楚中央和地方之间的财权和事权。财政部长楼继伟在就任之初发布的《中国政府间财政关系再思考》书中写道：

今后改革的方向是强化中央事权和支出责任，明晰各级政府事权和支出责任范围，减少对地方事权和支出项目的干预。相应地，现行转移支付结构要顺势调整。调整的方向，一是强化一般性转移支付，促进基本公共服务均等化，将现行对地方支出责任范围内实施的专项转移支付调整并入一般性转移支付。二是专项转移支付应主要解决外部性、共同支出责任问题和实现中央特定政策目标，对中央事权支出责任范围内的事项，由中央财政支出，不再通过专项转移支付安排，对地方事权和支出责任范围内的事项原则上通过一般性转移支付安排，增强地方自主权，中央财政不再通过安排专项转移支付加以干预。

从2013年起，中央逐步实施了“京津冀一体化”和“长江经济带”的区域经济政策，正是区域一体化的着手点。在《中共中央关于制定国民经济和社会发展第十三个五年规划的建议》中阐述：“培育若干带动区域协同发展的增长极。推动京津冀协同发展，优化城市空间布局和产业结构，有序疏解北京非首都功能，推进交通一体化，扩大环境容量和生态空间，探索人口经济密集地区优化开发新模式。推进长江经济带建设，改善长江流域生态环境，高起点建设综合立体交通走廊，引导产业优化布局和分工协作。”

第六章 财税体制改革

深化财税体制改革，建立健全有利于转变经济发展方式、形成全国统一市场、促进社会公平正义的现代财政制度，建立税种科学、结构优化、法律健全、规范公平、征管高效的税收制度。建立事权和支出责任相适应的制度，适度加强中央事权和支出责任。调动各方面积极性，考虑税种属性，进一步理顺中央和地方收入划分。建立全面规范、公开透明预算制度，完善政府预算体系，实施跨年度预算平衡机制和中期财政规划管理。建立规范的地方政府举债融资体制。健全优先使用创新产品、绿色产品的政府采购政策。

——《中共中央关于制定国民经济和社会发展第十三个五年规划的建议》

【导读】

1994年税制改革之后，我国现行的税收体制已经运行了近20年。这20年的时间里，现行税收体制为中国经济的腾飞起了巨大的推动作用。然而，现行的税收体制也存在着相应的问题，如预算不透明，预算外资金过多，居民税赋负担过重以及中央地方财权事权失衡。过去10年里，这些问题逐步显现出来，严重阻碍我国经济社会的健康发展。党的十八届三中全会上通过的《中共中央关于全面深化改革若干重大问题的决定》中把“改进预算管理制度”

"完善税收制度"和"建立事权和支出责任相适应的制度"列为财税体制改革的三大任务。李克强总理在《关于深化经济体制改革的若干问题》一文中再次强调了这"三大任务"。让我们一起来仔细品味"三大任务"。

一 改进预算管理制度

政府预算收入取之于民，社会公众有权监督这些钱怎么花、花到哪、效果如何。长期以来，我国财政资金存在使用不规范、效率不高和资金沉淀等问题，部分地方政府举债行为也缺乏约束，这些与预算透明度不够、监督检查乏力是分不开的。要进一步加大预算公开力度。

——2014 年 5 月　李克强总理《关于深化经济体制改革的若干问题》

预算管理制度主要是指一国政府预算编制、执行、决算的整个体系，包括决定税收水平和债务水平、调控财政支出方向，分配中央地方财税收入等一系列环节。总体来说，我国的预算管理体制在 1949 年之后经历了多个阶段，从 1949 年之后的"统收统支"，到 1980—1993 年的"分级包干"，再到 1994 年之后的分级分税预算管理体制。虽然每一阶段的预算管理体制都凝结了无数的心血，对解决当时的社会问题起到了极大的推动作用，但我国的预算体制始终在"公开透明"上存在严重问题——三大弊端。

一是政府预算外存在大量可以动用的资金。根据西方国家的一般经验，除了在预算中公开的内容，政府应该既不能多收税，也不能多发债，即不能多动用一分钱。然而，在我国，由于存在多种多样的预算外资金，包括行政事业性收费、政府性基金收入、乡镇自筹统筹资金、国有企业和主管部门收入和其他收入，政府完全可以绕开预算。这些预算外资金既不向人大公开，也不向社会公开，预算的公开透明名存实亡。

二是预算的信息质量差。我国财政预算报告的信息质量相当差，公布出来的信息少。上海财政大学公共政策研究中心“中国财政透明度评估”项目组的研究报告中指出，在省一级的预算中，转移支付项目有90%的信息未公布，仅公布了10%的信息。另一个鲜明的对比是我国预算报告和美国预算报告的厚度。我国2013年的财政预算报告是70页，而美国2014年的财政预算报告总共有244页，还不包括508页的预算分析书，1381页的附录和376页的历史图表。

三是人大的约束少。在西方发达国家，议会把监督预算看作自己神圣的职责，是自己制衡政府的重要手段，没有议会的批准，政府既不可能增税，也不可能发债。2008年金融危机之时，美国财政部长保尔森甚至向议会下跪以恳求议会批准财政救助计划，而此时保尔森是得到美国总统的支持的，议会在预算上的权力可见一斑。但在我国，政府部门集预算的编制、执行于一体，人大的预算监督形式大于实质。根据上海交通大学“完善我国人大预算监督制度研究”，我国人大预算监督效力的评价仅为57分。无论中央政府还是各级地方政府，人大沦为政府预算的“橡皮图章”。

这三大弊端严重损害了国家预算的严肃性，一系列的问题由此而生。官员的贪污公款、地方债务无序膨胀、基础设施重复建设都可以看成国家预算不透明的衍生问题。解决这些问题，重要的就是让财政预算公开透明。李克强总理在财政预算改革中提出了公开透明的三大措施。

一是扩大预算公开范围。李克强总理提出，“各级政府预算和决算都要向社会公开”，而且在文中专门提到“所有财政拨款的‘三公’经费更要公开”。李克强总理也关注到预算外资金，专门强调“政府性基金预算、国有资本经营预算、社会保险基金预算要进一步向社会公开”。这是在堵政府资金不在列入预算的漏洞。2014年9月25日《检察日报》刊文指出：

既然“三公消费”形同腐败这个观点已经成为朝野共识，那么应当如何遏制并最终消除这一现象呢？温家宝总理在回答网友关于“公款吃喝、公车私用等现象为什么管不住？治理‘三公消费’真的那么难吗?”的问题表示，“应该管得住，必须管得住。其实，我们能够做到，最根本的是两条，第一条就是公开透明，就要让任何一项行政性支出都进入预算，而且公开让群众知道，接受群众监督；第二条就是民主监督。”诚哉斯言，将“公开透明”以及“民主监督”这两项措施落到实处是消除“三公消费”费用庞大之弊的一剂良药。但是，令人遗憾的是，当下有关部门对于上述两项措施的执行尚不到位，甚至大打折扣。

二是细化公开内容。针对我国财政预算信息质量不高的问题，李克强总理指出，“部门预算基本支出和项目支出要尽快公开”。2014年8月25日，《预算法（草案)》在人大进行了“四审”，在我国的立法史上，只有《行政强制法》《社会保险法》等争议巨大的法律才进行过“四审”。在这一审的《预算法（草案)》中，预算编制进一步细化，政府支出按经济分类基本支出编到“款”、项目支出编到“项”，决算编制中，所有政府支出都按功能分类编到“款”。这正是李克强总理“细化公开内容”要求的具体化。2014年3月19日《第一财政日报》刊文说：

对于地方部门预决算，通知要求，今年一方面要扩大公开范围，除涉密部门外，地方所有使用财政拨款的部门均应公开本部门预决算；另一方面也要细化地方部门预决算公开内容，除涉密内容外、部门预决算全部公开到支出功能分类的项级科目，逐步将部门预决算公开到基本支出和项目支出，研究将部门决算按经济分类公开。

此外，要加大“三公”经费公开力度，细化公开内容，所有财政拨款安排的“三公”经费都要详细公开，“公务用车购置和运行费”细化公开为“公务用车购置费”和“公务用车运行费”。

三是强化预算公开工作的监督检查，建立预算公开问责机制。公开透明的预算要和严格的监督检查结合在一起。如果没有检查监督和处罚措施，即使财政预算公开，居民知道财政预算中存在问题，当事人却不受到处罚，那公开透明的意义也会大打折扣。2014年3月1日，广州市实施了《广州市人民代表大会审查批准监督预算办法》，该办法为人大监督预算提供了更具操作性的做法，该办法第四条规定：“市人民代表大会常务委员会预算工作委员会承担审查预算草案、预算调整方案、决算草案和监督预算执行等方面的具体工作；牵头组织市人民代表大会常务委员会各工作委员会对部门预算、决算和政府投资项目预算、决算草案进行预先审查。”这一规定使人大可以更早介入预算的编制工作。这是地方人大对李克强总理“顶层设计”的呼应。

二 推进税制改革

中国的税收重吗？《经济观察报》曾拿房地产税费举例，一套房从开发到保有，要交56项费和12项税，占到房价的25%。2009年《福布斯》推出“税负痛苦指数”，中国大陆位居全球第二，成为税负最重的国家之一。这一排名当然受到中国的驳斥，2007年国家税务总局在当年发布了《中国宏观税负研究报告》，认为中国大陆的宏观税负水平为18%；财政部财政科学研究所所长贾康撰文，认为按照国际货币基金组织（IMF）的统计口径，2009年中国的税负水平为25.4%，远低于发达国家，处于世界中等水平。

然而，这两份官方或半官方的计算结果受到了广泛的质疑，人们似乎更愿意相信《福布斯》的计算结果，原因在于人们的直观感觉更接近《福布斯》的结果。中国以间接税为主，税负由最终的消费者负担。一般情况下，普通居民的消费收入比要远高于富人，因此工薪阶层的感觉肯定是税负比较重的。中国最近几年税收迅速上涨，税收收入增幅远大于GDP增幅，更大于居民收入增幅。2011年上半年，我国GDP增幅为9.6%，但税收收入增幅达到31.2%，其中个税收入增幅达到35%，税收收入增幅是GDP增幅的3.25倍。

占中国企业数量绝大多数的中小企业也是税负沉重。据国家中小企业协会网站的不完全统计，我国中小企业的总体税负一直居高不下，其中税收占销售收入的比率超过7.81%，远远高于全国各类企业6.63%的平均水平；另外税收占资产总额的比率也超过4.89%，高于全国1.72%的平均水平；税收占利润总额的117.3%，也远远超过全国98.7%的平均水平。2011年《人民日报》的记者曾采访一些中小企业的老板，发现各种税费几乎占去企业利润的一半。中小企业吸收了中国最多的就业人口，也是未来大型企业的希望所在。如此之高的税负很有可能让一些优秀的中小企业半路夭折。

在2014年第9期《求是》杂志上的署名文章《关于深化经济体制改革的若干问题》中，李克强总理专门强调了“营改增”的重要性，提出“系统考虑，营改增还有五步曲。第一步，2014年继续实行营改增扩大范围；第二步，2015年基本实现营改增全覆盖；第三步，进一步完善增值税税制；第四步，完善增值税中央和地方分配体制；第五步，实行增值税立法”。2013年4月10日，李克强总理在主持召开国务院常务会议上就表示：“实行‘营改增’是推进财税体制改革的‘重头戏’。”

什么是“营改增”呢？“营改增”就是把营业税改成增值税。

2011 年，经国务院批准，财政部、国家税务总局联合下发营业税改征增值税试点方案。从 2012 年 1 月 1 日起，在上海交通运输业和部分现代服务业开展营业税改征增值税试点。我们首先解释一下什么是营业税，什么是增值税。简单地说，营业税就是对营业额征收的税。举个例子，去餐馆吃饭，花了 1000 元钱。按照《营业税税目税率表》，餐饮行业的营业税税率是 5%，那么这家餐馆就要缴纳 50 元钱的税收。相应地，增值税就是对增加的那部分价值征税。再比如说我们去这家餐馆吃饭，花了 1000 元钱，这家餐馆花了 500 元钱的成本，那么就按照增加的 500 元钱计税。因为餐馆是服务业，假设适用现代服务业 6%的增值税税率，这家餐馆需要缴纳 30 元钱的增值税。

大家看起来，觉得好像差不多啊，交营业税的时候是 50 元钱，交增值税的时候是交 30 元钱，就差 20 元钱，至于这么大费周章吗？但是，实际上这两种大不一样。让我们来看看这 1000 元钱里到底交了多少税。在营业税情况下，餐馆收到了 1000 元钱的营业额，得交 50 元钱；餐馆用了 500 元钱买米面油菜，这 500 元钱又交了 5%的营业税 25 元钱。这 1000 元钱的消费里就包括了 75 元钱的税收了。这些生产米面油菜的人肯定也要买很多东西，这又要交营业税，实际上这 1000 元钱的消费额交的还不止 85 元钱的税。在增值税下，情况就大不相同了。餐馆挣了 1000 元钱的营业额，但实际上只有 500 元钱的价值增加，因此交 30 元；原来那些生产商也只交价值增加的部分，因此最终 1000 元钱的消费额只有 60 元钱。

用一句话概括，就是增值税不会重复交税。因此，增值税比营业税更有利于增值链条的延伸。在营业税制度下，增值链条延伸一次，税负就加重一次。因此，营改增是促进产业快速发展、优化产业分工合作的重要举措，对于促进工业化和信息化深度融合也具有重要意义。《经济日报》在2013年9月27日曾报道了营改增对某企业的巨大助推作用：

“我们集团原先向客户提供服务器、存储、软件产品为主，服务收入占比较低。如今增加了云服务的模式，集团投资服务器、存储、网络等基础设备，搭建公共的数据计算中心，客户只需分期交服务费就可以使用，既满足了客户更专业化的服务要求，也推动了集团的战略转型。”浪潮集团高级副总裁李凯声表示，在这个过程中，营改增发挥了至关重要的作用。

他进一步分析说，以前云服务采购设备支出17%的进项税、云服务收入交5%的营业税，税负较高。营改增实施后，17%的进项税额可以全额抵扣，给客户提供云服务收入的6%计提销项税，云服务前期阶段，基本不需缴纳增值税。“整体税负大幅下降，从税制上更有利于支持云服务业务的发展。”

2014年1月1日，将铁路运输和邮政服务业纳入营业税改征增值税试点，2014年6月1日，电信业纳入营业税改征增值税试点范围。2016年3月5日，李克强总理在2016年《政府工作报告》中一锤定音：“一是全面实施营改增，从5月1日起，将试点范围扩大到建筑业、房地产业、金融业、生活服务业，并将所有企业新增不动产所含增值税纳入抵扣范围，确保所有行业税负只减不增。”至此，我国“营改增”全面完成。

三　中央和地方如何在平衡

李克强总理在《关于深化经济体制改革的若干问题》指出，“长期以来，中央与地方之间、地方各级政府之间，事权和支出责任划分不清晰、不合理、不规范，总体看，中央政府部门管了不少不该管、管不好的事。”这正是我国中央地方财政关系的写照。

以大历史的角度来看，改革开放30多年，中央和地方的关系没有走出“一管就死，一死就放，一放就乱，一乱就管”的怪圈。两千年来，我国一直是大一统的国家，中间夹杂格局分裂的短暂时期。当中央较为强势时，地方往往完全听命于中央，失去自主发展的动力和活力；当中央放松对地方管制的时候，地方的自主性提升，但也会为自身的发展推行一些以邻为壑的政策。这种局面直接延续到改革开放30多年里。虽然30多年里，在大框架下中央保持着对地方有效的控制（人事权），但在财权和事权上，已经经历了一个完整的“管—放—乱—管”的循环。改革开放初期，为发挥地方政府积极性，中央政府1980年、1985年和1987年三次大规模财政体制改革，向地方政府放权让利，扩大地方政府财权和事权。经过这次放权让利，地方政府推动改革发展经济的积极性极大的提高了，但地方政府之间、地方政府和中央政府之间的矛盾日益显现，地方财政体系乱象重生，中央政府财政收入陷入困境。“乱”之后是再次“管”。1994年时任国务院副总理的朱镕基开始推行“分税制”，财权全面上收，税额大、征收易的税收全部成为国家税种，地方政府只剩下部分“边角料”税种，地方财权再次收紧。

从当前的角度看，我国中央和地方的关系仍处于“管”的状态，中央财权过大，地方财权过小，而中央又将义务层层下压，地方政府财政乱象初现。1994年分税制后，中央财政逐年好转，但地方财政则不断恶化。一句顺口溜是“中央财政喜气洋洋，省市财政勉勉强强，县级财政拆东墙补西墙，乡镇财政哭爹叫娘”。可见地方财政的严重困境。地方政府的财政收入少了，但承担的义务可没少。2013年9月18日的《经济观察报》刊载专文，可谓沉重的注脚：以8倍于中央的财力，承担15倍于前者的教育支出、21倍的社保就业支出以及近23倍的农林水利支出，这是两年前地方政府首脑们要面临的窘境。面对事务多而财权少的局面，地方政府只有从其他地方另辟财源，结果是乱象初显。土地财政给中国带来了高房价和暴力拆迁。向地方企业乱收税费则严重损害了中国的投资环境，降低了企业经营的积极性。地方债务则成为中国经济的“达摩克利斯之剑”。

在《关于深化经济体制改革的若干问题》一文中，李克强总理提出了协调中央地方关系的指导思想，“通过改革，健全事权和支出责任相适应的制度，保持现有中央和地方财力格局总体稳定，逐步理顺中央与地方收入划分，使中央与地方各安其位、各负其责、上下协同，促进政府治理整体效能的最大化”，但是相对于“预算公开”和“税制改革”，李克强总理没有谈到具体的实施步骤，可想而知，寻找中央地方新的平衡点比预算公开和税制改革更为艰难。吴晓波在《历代经济变革得失》中说：“发生于历史以及当下的所有中国问题，都是中央政府、地方政府、有产阶层和无产阶层，这四大利益集团互相争斗博弈的妥协的结果。”在数千年的博弈中，我国都未找到合理调节中央和地方关系的途径。因此，未来我国很有可能向西方国家学习，根据同样是大国的美国的经验来推进中央地方改革。

首先是从法律层面解决中央和地方的权力划分。美国宪法明文规定了属于联邦政府的立法权、司法权和行政区，规定除宪法中列举的权力以外所有权力均属于州政府，并明确否认了存在既属于联邦政府又属于州政府的权力。美国宪法第十修正案明确规定：“宪法未授予合众国、也未禁止各州行使的权力，由各州各自保留，或由人民保留。”反观我国，宪法规定了中央政府是我国最高权力执行机关，拥有外交、国防、财政、经济、文化、教育等事务广泛的权力，地方政府几乎成了中央政府在某一地区具体而微的执行机构，特别在经济事务上，各级地方政府在自己的辖区内几乎和中央政府没有差别。因为缺乏法律层面的规定，中央政府和地方政府在权力分配上表现出明显的随意性。因此，我国首先应该是用法律手段理顺中央和地方的权力划分。财政部长楼继伟在《中国政府间财政关系再思考》中曾以发达国家举例：

发达国家普遍以宪法和法律形式，对各级政府的财政权限、权利与义务关系作出明确而详细的规定，由此确立起政府间财政关系的基本框架。与包括我国在内的许多法制建设相对落后的国家相比，采取宪法和法律形式确立政府间财政关系的架构，其优势是显而易见的。首先，宪法和法律形式的规范具有高度的权威性和透明度，有利于避免幕后交易和讨价还价等软预算约束问题，减少谋求私利与局部利益的财政寻租活动，防止财政资源分配的无秩序、低效率和不公平。由于宪法和法律的修改需满足复杂苛刻的条件，这也保证了政府间财政关系基本架构的稳定性和连续性，避免了因政府换届或最高层决策者更替而任意改变规则的可能性。其次，明确具体的法律条文，为政府间支出划分、税收安排和转移支付提供依据，可以有效减少支出责任划分错位、重叠，合理划分政府收入，规范转移支付体系的总体设计。

在政府实践层面，建立公开透明的中央—地方平衡机制。在西方国家，司法系统成为平衡中央地方关系的重要机制。在美国，联邦政府和州政府之间关系的决定权在司法系统。在吉本斯诉奥格登一案中最高法院确立了联邦政府管理州际经济关系的权力。美国州政府也可以起诉中央政府。2011 年 2 月，美国亚利桑那州州长宣布将起诉联邦政府未能履行职责，阻止非法移民的入侵。由于我国属于单一制国家，地方政府只是中央政府的分支机构，且地方政府的人事任免权掌握在中央政府手中，地方政府根本无法在“显规则”下与中央政府博弈（虽然“潜规则”下中央和地方的博弈从未停止过）。在某些政策上，如财权的上收，事权的下压，转移支付的调配，都是中央政府予取予夺，完全缺乏地方政府公开的声音。

划分中央和地方的财权事权，显然是路漫漫其修远兮，我国还不得不上下求索。在党的十八届四中全会上通过的《中共中央关于全面推进依法治国若干重大问题的决定》中指出："推进各级政府事权规范化、法律化，完善不同层级政府特别是中央和地方政府事权法律制度，强化中央政府宏观管理、制度设定职责和必要的执法权，强化省级政府统筹推进区域内基本公共服务均等化职责，强化市县政府执行职责。"这是从法律层面寻找完善中央—地方关系的根本方法。

第七章　金融体制改革

深化金融体制改革。加快改革完善现代金融监管体制，提高金融服务实体经济效率，实现金融风险监管全覆盖。深化利率市场化改革。继续完善人民币汇率市场化形成机制，保持人民币汇率在合理均衡水平上基本稳定。深化国有商业银行和开发性、政策性金融机构改革，发展民营银行，启动投贷联动试点。

——2016 年 3 月 5 日　李克强总理《政府工作报告》(2016 年)

【导读】

金融体制改革是历届政府都绕不过去的问题，为什么？因为中国的金融体制存在问题。为什么中国的金融体制会存在问题？因为中国的金融体制不够市场化。如何解决这些问题？市场化。这就是李克强总理的金融体制改革的基本逻辑和脉络主线。中国的金融体制不够市场化是显而易见的事实，利率、汇率的管制，外汇兑换的管制，市场机构的管制等等，无处不是“政府的手”。李克强总理正是从这些地方入手，改革金融体制。由于金融在现代经济中的核心地位，金融体制改革的战略意义，不仅在于对金融产业的深远影响，更在于对整个经济体系的引擎和助推作用。《中共中央关于制定国民经济和社会发展第十三个五年规划的建议》中提出：

加快金融体制改革，提高金融服务实体经济效率。健全商业性金融、开发性金融、政策性金融、合作性金融分工合理、相互补充的金融机构体系。构建多层次、广覆盖、有差异的银行机构体系，扩大民间资本进入银行业，发展普惠金融，着力加强对中小微企业、农村特别是贫困地区金融服务。积极培育公开透明、健康发展的资本市场，推进股票和债券发行交易制度改革，提高直接融资比重，降低杠杆率。开发符合创新需求的金融服务，推进高收益债券及股债相结合的融资方式。推进汇率和利率市场化，提高金融机构管理水平和服务质量，降低企业融资成本。规范发展互联网金融。加快建立巨灾保险制度，探索建立保险资产交易机制。

一 如何理解金融体制改革的内在逻辑

为什么我国金融体制需要改革？因为我国的金融体制存在问题，甚至是举不胜举的问题。

问题一：地方债务，悬在银行业头上的达摩克利斯之剑。根据2010年审计署数据，截至2010年底，全国地方政府性债务余额10.7万亿元。地方融资平台所承担的债务中有95%属于银行贷款，目前巨额债务不但对地方财政形成沉重压力，对于中国银行业也造成巨大危险。债务巨大、还债能力不明朗、还债时间集中，一旦出现大规模坏账情况，将会对中国经济造成严重伤害。

问题二：巨额外汇储备，国内货币超发的推手之一。自20世纪90年代末外汇体制改革以来，我国的外汇储备持续增长，目前已经达到3万多亿美元。目前的外汇管理体制下，外汇储备最终都是由人民银行掌管，每收进来1美元的外汇储备，人民银行就要发行6元多人民币。巨额外汇储备是我国货币超发的推手之一，也影响了我国货币政策的独立性。

问题三：银行天量利润，吸走了实体经济的血液。16 家上市银行 2013 年上半年净利润总和约为 6192 亿元，这一数字已经超过了全部上市公司净利润总和的一半。其中，工商银行、农业银行、中国银行、建设银行“四大行”业绩仍然遥遥领先，工商银行上半年以 1383.47 亿元的净利润拔得头筹，建设银行紧随其后，净利润为 1197.11 亿元。这还是在实体经济不景气的时候呢。

…………

为什么会有这些问题呢？因为我国金融体制的市场化程度不够。与西方国家自发形成的金融体制不同，我国的金融体制完全是政府一手打造的。在新中国成立后，我国学习苏联建立了完整的计划经济体系，投资、生产、销售和消费都是由政府决定，根本不需要金融体系。自社会主义改造完成之后，商业银行并入人民银行不再独立存在。人民银行则长期在财政部下做一个简单的“出纳”，1978 年才和财政部分开办公。现在的所有金融机构几乎都可以追溯到政府。“四大行”是 20 世纪 80 年代从人民银行分离出去的；多数民营银行是一些强势的地方政府建立的；城市银行是在原来的城市信用社的基础上建立的，背后是当地的政府；券商则是 20 世纪 80 年代末 90 年代初各地方政府或人民银行按照“配额”建立的。与机构的“政府化”相呼应的就是价格的“政府化”。金融市场上最重要的价格指标就是利率和汇率，前者是资金的价格，后者是人民币和外国货币的相对价格。在中国，这两者长期以来都是由政府确定。人民银行对存贷款利率设立上下限，对外汇设立挂牌价格。

著名的经济学家麦金农和肖在他们的著作《经济发展的金融深化》一书中对这种情况做了深入分析。他们用了一个专业名词来形容这种状态——“金融压制”：金融发展的落后，使很多发展中国家不相信市场可以有效配置金融资源，因此采用行政配给的方法，而行政配给效率十分低下，严重阻碍了经济的发展，使得经济进一步落后，而进一步落后的经济又使得政府再次加强行政控制。从此，经济和金融陷入相互压制的恶性循环。冲破这一循环的方法就是“金融深化”，即对金融活动去监管化，让市场决定金融资源的配置，用市场化的金融体系支持经济发展，发展的经济又再次促进金融的市场化。

改革开放 30 多年的经验证明，市场化，发挥市场配置资源的基础性作用是解决经济问题的最好办法。而《中共中央关于全面深化改革若干重大问题的决定》，更是前所未有地提出“使市场在资源配置中起决定性作用”，这一指导思想，将把中国的金融体制改革推向全新的格局和境界。

这一切就是李克强总理的逻辑基础。

二　利率市场化，打开计划经济的最后一个堡垒

什么是利率？利率是一个社会资金的价格。

一个社会里，总有一部分人不会把自己当年赚的钱都花掉，有一部分钱结余会放在手上；也总有一部分人或是由于消费或是由于生产，想找钱。第一种人和第二种人之间就存在资金融入融出的交易需求。资金当然不能免费的融入融出，第一种人放弃消费把钱融出给第二种人，总想要一点报酬吧；第二种人想要从第一种人手里融入资金肯定要给一些补偿吧。这种报酬和补偿就是利率。

那么利率应该怎么定呢？常理来说，应该是由供求决定。当留有结余想往外借出钱的人多了，渴望得到资金的人少了，那么利率就应该下降；当留有结余想往外借钱的人少了，渴望得到资金的人多了，那么利率就应该上涨。这就是市场经济。

然而，现在的中国可不是这样。长期以来，受计划经济思想的影响，中国的利率是受到管制的。人民银行一直会公布一个存贷款利率上下限。例如，自 2012 年 6 月 8 日起下调金融机构人民币存贷款基准利率。金融机构一年期存款基准利率下调 0.25 个百分点，调整后，一年期存款利率为 3.25%，一年期贷款利率为 6.31%。也就是说银行给居民的存款利率不能低于 3.25%，企业从银行贷款的利率不能高于 6.31%。这就是利率管制。虽然人民银行公布的存贷款利率都是考虑到市场的因素的，但是总不及市场形成的利率变化敏锐。而且，由于种种原因，人民银行制定的存贷款利率总是低于市场形成的利率。比如，这两年，纯粹的市场化利率——民间借贷的利率都能达到 20%。可以说，利率是中国计划经济最后一个堡垒。

这样非市场化的利率有什么问题呢？没有反应市场供求的利率会造成供求的失调。过低存款利率使居民没有积极性去存款。谁都想把钱以更高的利率融出去，正规的存款不能给高利率那就找不正规的“存钱”渠道吧。所以现在非法的民间融资才会如此火爆。同样，过低的贷款利率下，谁都想借钱。为什么现在无论是地方政府、国有企业，还是民营企业都有很强的贷款冲动呢？因为价格便宜啊，不借是傻瓜。最终的结果是供求不平衡，过多的资金需求追逐过少的资金供给。于是谁与银行关系好，谁与上级官员的关系好，谁就能得到贷款，而不是谁能给出最高的利率谁能得到贷款。于是，行贿、受贿、黑市等等横行无忌。

2013 年 7 月 24 日的《证券时报》曾将这一潜规则背后的机理剖析得淋漓尽致：

政府设置了贷款利率上限，银行就会以低利率把资金贷给工商企业，而工商企业就可以得到低成本资金了？不会。真实价格是由供求决定的，人为能够改变的是名义利率，改变不了的是实际利率。如果贷款利率上限低于市场均衡价，那么你就得给银行高管回扣好处才能贷到款。你放心，不可能资金的市场价格是1分，而因为政府设定了贷款利率上限，银行就会9厘9贷给你。中小企业难以从银行贷款，但是从民间贷并不难。君不见，手机经常收到民间机构贷款的信息；当天放款，甚至不要抵押。这是贷款难吗？所以中小企业贷款难其实是个伪问题。难是因为出价不够高，是贷低成本的银行资金难。那么民间融资的钱是从哪里来的呢？其实很大一部分还是银行资金。资金流到了能从银行低成本融到资金的人，然后这些人再拿这些钱做民间融资。这正是发生在今天中国大地上的事情。

目前，我国已经开始逐步推动利率市场化。2013年7月20日，中国人民银行公告，经国务院批准，自2013年7月20日起全面放开金融机构贷款利率管制。至此，中国利率市场化开始走上正式的轨道。2014年3月11日，中国人民银行行长周小川在十二届全国人大二次会议新闻中心的记者会上表示，存款利率放开在计划之中，很可能在最近一两年就能实现。果不其然，2015年6月3日，央行发布《大额存单暂行管理办法》，市场人士普遍认为，我国利率市场化进程至此基本完成。

三 汇率市场化，理顺内外关系

什么是汇率？汇率是一种货币和另一种货币的比值。具体到中国语境下，汇率就是人民币和外国货币进行交易的比价。举个例子，你现在想到美国去旅游，需要一些美元吧？于是你到某家银行里拿1000元人民币换了163.4美元，这1000：163.4就是汇率。

汇率是怎么形成的呢？一般是根据对本币和外币的供给需求来决定的。比如说，现在有1000亿美元想换成人民币，有10000亿元人民币想换成美元，那么人民币对美元的汇率就是10∶1。这就是市场化的决定方式。但是在中国，现在可不是这种决定方式。虽然我国不是汇率操纵国家，但是政府对汇率的干预是从来没有中断过的。人民银行设定一个汇率，然后人民币和外币按照这个价格进行兑换。如果对人民币的需求过于旺盛，那么人民银行就释放人民币；如果对外国货币的需求过于旺盛，那么人民银行就释放外汇储备中的外国货币。总之，始终要保持在人民银行设定的那个比率上。

与汇率管制相配套的就是人民币不可自由兑换。简单地说，货币自由兑换是指不经过审批，一种货币就可以换成另外一种货币。目前，我国基本已经实现了经常账户下的自由兑换，但资本项目下还没有实现自由兑换。也就是说，如果一个中国人想到外国买点东西、出国旅游，兑换一些外国货币使用，或者一个外国人想到中国买点东西，或者来旅游一下，兑换一些人民币，这是没有问题的；但如果一个中国人想到外国投资建厂或买股票，兑换外国货币，或者一个外国人想到中国投资建厂或买股票，兑换人民币，这是必须经过审批的。

2015年下半年以来，人民币面临较强的贬值压力，管制则在不断加强。与利率管制一样，汇率管制也会带来多重问题。

首先，中国利用国际市场的效率必然受到损失。党的十八届三中全会《关于全面深化改革若干重大问题的决定》中提出："必须推动对内对外开放相互促进、引进来和走出去更好的结合，促进国际国内要素有序自由流动、资源高效配置"。"引进来"和"走出去"都与汇率有着直接而密切的关系，人为高估的汇率显然既不利于"引进来"，也不利于"走出去"。在"引进来"方面，高估的汇率不利于国际资本进入中国。在"走出去"方面，高估的汇率导致国内产品失去国际竞争力。更为严重的是，汇率的扭曲会导致资源的错配。著名金融学家麦金农以金融深化理论而闻名于世，在他的理论中汇率占据重要地位。他提出，20 世纪下半叶中，很多发展中国家人为的高估了本国的汇率，结果进口比本国生产更为有利可图，最终阻碍了本国形成相应的生产能力。

其次，外汇管制也会损害国际市场的信心。证监会前主席肖钢自上任以来，积极推进 MSCI 把中国 A 股纳入其中，市场测算，如果此举成功，将带来 400 亿美元的增量资金。然而，过去一两年里事情未有进展。外汇可能是其中一个重要因素，MSCI 公司把国家分为“前沿”“新兴”和“发达”三类，其中重要的分类标准就是一国市场资本流入流出的方便程度。同时，我国正在积极推进人民币国际化，此次稳定汇率的政策也被很多市场机构解读成为人民币国家化保驾护航。币值稳定确实是成为国际货币的重要条件，但资本的自由流通可能才是国际市场看重某一货币的根本因素。美元是世界上最通行的国际货币，但美元的汇率却离稳定很远，过去的 5 年里美元指数在 70～100 波动。2013 年 9 月 29 日，上海自贸区正式挂牌，按照国务院的《中国（上海）自由贸易试验区总体方案》，在自贸区内人民币资本项目可以自由兑换，这是中国迈向汇率自由化，人们自由兑换的坚实一步。

四 放宽市场准入，民营资本如何进入金融行业

在加强监管前提下，允许具备条件的民间资本依法发起设立中小型银行等金融机构。

——《中共中央关于全面深化改革若干重大问题的决定》

什么行业是目前中国最挣钱的行业？IT？石油？房地产？都不是，正确的答案是银行。

现在很多大的企业都想办银行，2013 年 8 月 21 日，苏宁传出

正在申请设立“苏宁银行”，还只是申请，离批准还有一大截呢，苏宁的股价都上涨了7.86%。为什么实体企业要设立银行呢？为什么实体企业设立银行股价就能走高呢？答案只有一个，中国的银行业利润太高了。

银监会的统计数据显示，2011年前三个季度，中国商业银行累计实现利润8173亿元，同比增长35.4%，利润接近于2010年全年的税后净利润，平均资本利润率为22.1%，营业成本增加2085亿元，人均利润近40万元。相比之下，中国规模以上工业企业在2011年前三个季度实现利润3.68万亿元，但这些企业有8700多万人，人均利润不到4万元。2013年上半年中国的银行业的利润占全球银行业的30%。按工商银行这样巨无霸型的银行2013年半年报的财务报表匡算，其净利润率达到46%！其他商业银行的净利润率都基本在40%以上！做实业的要达到平均40%的净利润率，基本是在做梦。

另外一方面是金融服务还远远不够，据相关资料，目前我国金融机构空白乡镇和金融服务空白乡镇仍占全国乡镇总数的1/4。在金融服务最薄弱的县域以下农村地区，农信社高度垄断。伴随着农信社改革和利率市场化推进，农信社亦出现服务上收迹象。

为什么银行业会有这么高的利润率而又有部分地区金融服务不足呢？因为市场的垄断。按照垄断的一般定义来看，中国的银行是不存在垄断的。以“五大行”为首，近十家股份制银行，数百家城市银行和村镇银行，使这个行业充满了竞争者。如果这些竞争者充分竞争，银行的利润应该被压缩到很低的水平。然而，事实却可能相反，一方面国家制定存贷利差，就如同国家出面建立了一个银行卡塔尔，把数百家银行联合起来弄了一个价格联盟；另外一方面银行受到严格的管制，拿到银行牌照是一件很不容易的事情。

实际上不仅是银行业，在中国几乎所有的金融企业都受到严格的管制，任何一个企业或机构想拿到金融企业牌照，无论是银行牌照、券商牌照，还是保险牌照、信托牌照，都是一件极为困难的事情。以信托牌照为例，从1999年中国银监会对信托业实行分业管理以来，直到2007年的分类管理，一直就没有新批信托公司，而是从原有的信托公司中进行专项治理，换发新的金融牌照。

打破中国金融行业利润高服务薄弱的现状，只能靠开放金融市场，一方面放开利率管制，一方面允许其他社会各界资金进入金融业，开办金融企业，才能削薄金融行业的利润，逼迫企业提高金融服务的覆盖面和服务质量。经济学家许小年先生曾评论道：

利率市场化也是一项改革的措施，金融行业的改革首先要改革准入，金融准入，金融市场的准入现在是受到政府影响非常严重，……另外一条，你把市场开放以后展开竞争，但是这个竞争又是不平等竞争。四大，如果把交行算上，工农中建交五大国有银行，他们的这些优势使其他一般股份制银行很难跟它竞争的。这是第一，市场准入要放开，要创造一个平等竞争的环境。

目前，这一想法正在转化为行动。2013年6月19日召开的国务院常务会议提出，探索设立民间资本发起的自担风险的民营银行和金融租赁公司、消费金融公司。半个月之后，国务院发布《关于金融支持经济结构调整和转型升级的指导意见》再次明确了鼓励民营企业发展金融业的导向。民营企业也积极响应，据报道称，包括苏宁云商在内，江苏已有6家大型民营企业向省政府递交材料，申办民营银行。2014年7月，银监会正式批准三家民营银行，分别是腾讯、百业源、立业为主发起人，在广东省深圳市设立深圳前海微众银行；正泰、华峰为主发起人，在浙江省温州市设立温州民商银行；以及华北、麦购为主发起人，在天津市设立天津金城银行。2014年8月，银监会再次批准了浙江网商银行和上海华瑞银行。在2016年“两会”记者会上，银监会主席尚福林回答记者有关民营银行的提问时对已经获批的 5 家民营银行给予了正面评价，认为这五家民营银行资产质量比较健康，经营策略各有特色。在谈到下一步民营银行的发展时，尚福林说，发展民营银行受到民间资本的高度关注，新设民营银行权限已经下放到各地的监管局，目前有 12 家民营银行的申请正在论证阶段。未来将成熟一家设立一家。

五 金融改革的下篇：地方政府减少对金融机构的干预

2013 年 11 月 1 日，李克强总理在地方政府职能转变和机构改革工作电视电话会议上表示："如果说中央政府改革是上篇，地方政府改革就是下篇，需要整体构思、通盘考虑、上下贯通，把政府改革的整篇文章做好。"如果说利率市场化、汇率市场化和市场准入放宽是中央政府金融体制改革的上篇，那么减少对金融机构的干预就是地方政府金融体制改革的下篇。

我国的地方政府一直有干预金融机构的冲动，比如建立金融机构，强迫金融机构增加向地方的贷款和融资之类的。直到 2009 年，中国人民银行行长周小川在《中国金融》上的文章还念念不忘地说："我国的地方政府对金融特别是银行信贷投放普遍存在行政干预。当然，干预的程度各不相同。有的地方对金融的行政干预非常厉害、非常直白，有的干预稍微少一些、含蓄一些。"可见地方政府干预之深。

现在，中央政府推进金融市场化，很多地方政府很有可能觉得这是一个大好机会：又可以名正言顺地干预金融机构了。这种想法是非常危险的。

完善监管协调机制，界定中央和地方金融监管职责和风险处置责任。

——《中共中央关于全面深化改革若干重大问题的决定》

首先，这违背了中央政府的改革意图，实际上是在与中央政府唱对台戏。在上面提到的地方政府职能转变和机构改革工作电视电话会议上，李克强总理表示："中央明令取消的审批事项，要不折不扣地放给市场、放给社会，地方不能变相保留。为了使地方政府更有力有效、就近就便进行经济社会管理，中央要把相应的权力下放给地方。放给省一级的，省里要接好管好；放给市县的，省一级要及时下放，不截留，不梗阻，市县一级也要接好管好。"李克强总理已经明确告诫地方政府不要截留中央政府下放给市场、下放给社会的权力。如果地方政府干预金融机构，势必受到中央政府的惩罚。

其次，干预金融机构对地方政府不一定有好处。在金融机构赢利的时候，地方政府都觉得金融机构是香饽饽，都希望能通过建立地方金融机构从金融市场上分一杯羹。这些政府都忽视了金融机构的巨大风险。冰岛就是一个政府被金融机构拖垮的活生生例子。冰岛2000年左右放开金融市场，国内的金融机构给出了比其他国家的金融机构更高的利率到世界各地吸收资金。来自于欧洲各个国家的资金融入冰岛。当金融危机爆发的时候，存款人向冰岛的金融机构要钱，冰岛整个金融体系崩溃。不仅如此，冰岛金融系统造成的坏账是整个国家GDP的9倍，冰岛政府陷入破产危机。

无论是从官员自身的升迁角度，还是从地方长远的发展角度，地方政府都应该紧跟中央的步伐，做好金融改革的下篇，放弃干预金融机构的陈旧思维，走上新的发展道路。如果地方政府真的想在金融体制改革中获益，那么维护金融秩序、推动地方金融生态的发展或许是最好的出路。货币希望获得高回报，所以会向利润高的地方跑；货币也想获得低风险，所以会向安全的地方跑。眼下，中国普遍存在地方债务不清、地方预算不透明、企业信誉差等问题。哪个地方政府能率先建立起完善的现代金融生态环境，哪个地方政府才能在金融体制改革中获益。

第八章　创新驱动

加快体制机制创新步伐，是创新的其中应有之义。中国经济每一回破茧成蝶，靠的都是创新。创新不单是技术创新，更包括体制机制创新、管理创新、模式创新。中国30多年来改革开放本身就是规模宏大的创新行动，今后创新发展的巨大潜能依然蕴藏在体制改革之中。

——2014年9月11日　李克强总理在2014年夏季达沃斯论坛开幕式上的主题演讲

【导读】

当人口红利逐渐消失，依赖资源高损耗和自然生态破坏驱动的发展模式已成现代经济的罪魁祸首和巨大障碍的时候，创新驱动经济的现代化发展模式势在必行。

2014年夏季达沃斯论坛的主题就是“推动创新，创造价值”。2013年9月30日，中共中央政治局第九次集体学习，更是以实施创新驱动发展战略为主题。创新驱动战略摆在了“不能等待、不能观望、不能懈怠”的国家发展全局的核心位置。

什么是创新？创新包括哪些内容？谁是创新者？创新如何驱动经济升级和社会进步？又通过何种方式真正让创新成为驱动

力？对每个问题的回答和理解，都决定了创新驱动战略的落地和效果。

一 中国靠什么发展？创新是唯一出路

中国的经济奇迹般地高速增长了30多年，这30多年里无论是国家的GDP和财政收入，还是个人收入和生活水平，都提高了很多。然而，当收入越来越高时，我们却越来越担心，中国的经济靠什么继续支撑下去？

靠人口红利吗？显然靠不住。在计划生育政策的影响下，中国的劳动人口势必减少。根据国家统计局的统计和预测，自2012年起，我国劳动年龄人口将逐渐减少，与2010年相比，2020年我国的劳动年龄人口将减少2900多万。且不说我国的人口会不会减少，哪怕我们国家真有那么多人口，人们会愿意继续忍受低工资低福利低消费吗？郎咸平在《中国人工资全球最低工作时间最长》一文中表示："每小时人均工资第一名是德国，大概是30美元，第二名美国，大概是22美元。我们比泰国还差，泰国还接近2美元呢，我们才0.8美元一小时，位列全世界最后一名。"如此之低的人力成本肯定不具有可持续性，哪怕没有计划生育中国的人口继续增加，中国人也不可能永远忍受这么低的收入而带来虚无缥缈的所谓的"人口红利"。《瞭望新闻周刊》在2013年春节后报道：

按惯例，春节一过，便是企业招工的"忙季"。相比往年，今年不少企业所做的准备似乎更加充分。

这一方面显示出连续多年的"招工难"着实让企业"心有余悸"，另一方面也暗示，今年的"民工荒"非同以往。尤其是在一些传统的打工"热土"，由于经济复苏态势逐步显现，这一矛盾可能更加突出。

不久前，广东省发表的监测报告显示，今年有1000万名在粤工作的外省农民工，在春节前返乡过年，数目与往年相同，但估计节后不再回粤的人数会由去年的约15万人增至50万人。与此同时，全国多地都传出了企业招工困难的消息，甚至像河南和江西这样的传统农民工输出大省也都出现了“招工难”的现象。

靠资源吗？首先中国有那么多资源吗？从总量上看中国是资源大国，但是从人均资源上看中国绝对是资源小国。中国人均耕地不到世界平均水平的1/3，人均水资源不及世界平均水平的1/4，人均森林面积不及世界平均水平的1/4。人均资源如此可怜，希望像加拿大、澳大利亚和俄罗斯那样依靠资源发展经济显然是不现实的。其次，依靠资源发展有出路吗？虽然世界上有依靠资源发展起来的国家，比如加拿大和澳大利亚，但是更多的国家因为有资源而变得颓废，比如中东国家。经济学上有一个专业名词“资源诅咒”专指由于资源太丰富而经济陷于困境的现象。2013年8月6日《能源》刊文道：

通常情况下，良好的资源基础会促进经济增长。早在1962年，英国著名经济历史学家约翰·哈巴谷（John Habakkuk）就认识到了这一点。在他看来，美国丰富的资源极大提高了生产率，并直接导致了美国19世纪的大繁荣。与此类似，挪威成功实现了对丰裕自然资源的管理，从而实现了经济长期稳定和发展。

但在现实中更常见的情形是，资源富裕国家的经济增长反而落后于资源贫瘠的国家，即资源存在“诅咒”效应。经济学家阿兰·盖尔伯（Alan. Gelb）等人都论证了这一结论的存在。此后，这一问题的研究者们分别从经验数据的角度证实了“资源诅咒”效应在不同国家之间以及同一国家不同地区之间的存在。

…………

虽然研究表明俄罗斯不存在明显的“资源诅咒”现象，但其经济存在结构性缺陷，经济增长已经表现出过度依赖于石油天然气资源及其价格的特性。随着石油资源金融属性加强和世界市场形势变化，其价格波动日趋加剧且难以预测，俄罗斯经济增长趋势明显缺乏稳定性，而一旦油价大幅下跌，资源财富减少，俄罗斯经济将会重新陷入衰退。

出路何在？创新是中国未来经济继续保持高速增长的唯一出路。创新是什么？创新是用更少的人生产出更多更好的东西，是用更少的资源生产出更多更好的东西，恰恰适合中国这样人口红利即将终结，人均资源匮乏的国家。

一段时间以来，一部纪录片成为中国的焦点——《创新国度以色列》。世界上的国家，论环境恶劣无过于以色列者。这个国家人口不多，一共也不过 800 万左右；国土面积不大，不到 2 万平方公里；国境内除了黄沙不缺以外基本什么资源也没有；周边都是敌人，可靠的朋友美国在几千公里以外。然而，这么恶劣的环境下以色列却有着极为出色的表现，无论是经济、科技还是教育、农业都处于世界先列，可以和任何一个大国相媲美。这是个奇迹！是什么创造了这个奇迹？答案只有一个——创新。《中国证券报》一篇名为《探寻创新精神的能量源泉》文章提道：

“以色列这个国家给我最深刻的印象是它的创新，国土不到 1.5 万平方公里，人口不到 800 万，但是人均 GDP 超过 3 万美元，它的资源很贫乏，而且区域政治环境很恶劣，但它却是世界上最小的超级大国。”谈及对以色列的印象，招商银行行长马蔚华赞不绝口。

以色列不是那个地处中东、和阿拉伯国家经常冲突的弹丸小国吗？不是那个黄沙漫天、周围都是敌人的贫瘠国家吗？怎么会让中国企业家大佬们赞不绝口呢？

这些“刻板印象”难免有点 out 了。您是否知道，众多世界知名的高科技公司，如谷歌、微软、英特尔、eBay 等，都在以色列设有研发中心？最近苹果公司也正筹划在以色列招兵买马以提高其硬件开发能力；此外，以色列拥有 4000 多家科技创业公司，平均每 2000 名以色列人中就有一人创业，以色列还拥有世界上最高的人均风险资本。

无论是说我国经济已经发展到可以创新的时候，还是说我国经济已经发展到不得不创新的时候，创新都已经成为我国不二的选择，唯一值得考虑的就是如何创新，如何把我国变成一个新的“创新的国度”。

二 强化企业创新主体地位

一是强化企业创新主体地位。落实企业研发费用加计扣除，完善高新技术企业、科技企业孵化器等税收优惠政策。支持行业领军企业建设高水平研发机构。加快将国家自主创新示范区试点政策推广到全国，再建设一批国家自主创新示范区、高新区，建设全面创新改革试验区。

——2016 年 3 月 5 日　李克强总理《政府工作报告》(2016 年)

企业无疑是最具创新意识的主体，因为创新直接关系着企业的兴亡荣衰。当一个企业锐意进取不断创新时，这家企业就能在市场上迅速崛起，获得丰厚的利润；当一个企业放弃创新，创新得不够时，这家企业就要被市场淘汰掉，市场上自然有企业超越它取代他。最为明显的例子就是诺基亚，当它在集中精力在手机领域创新时，它成为手机领域的王者——最大的手机生产商、最大的手机销售商、应用最广泛的运行平台。当它的创新稍微落后一点时，消费者的目光马上被苹果和三星抢走。最终，诺基亚，这个手机时代的王者不得不被微软收购。搜狐网 2012 年 4 月 28 日曾经报道：

2012 年 4 月 28 日，根据 IHS iSuppli 和 Strategy Analytics 周四发布的数据称，三星已经超越诺基亚成为手机销售市场的领头羊，结束了诺基亚长达 14 年的世界最大手机厂商的历史。……

诺基亚没能成为一个创新者，坦白地说，他们也的确没能在创新上有多大建树，至少在开发 Windows Phone 手机之前是这样的。……这一切暗中注定了诺基亚的衰落，等他反应过来的时候已经来不及了。

企业的创新点在哪？在产品，在技术，在流程，在服务，在营销，在商业模式。

首先，所谓在产品，是指企业应该制造出新的可以满足大家需求的东西。一个新的产品往往意味着这一个企业的崛起，也意味着一个时代的来临。想一想苹果的 iPad，当所有的计算机制造商还专注于制造出更便宜的笔记本电脑时，苹果公司就把眼光放到了平板电脑上。当 iPad 横空出世时，所有的笔记本都为之失色。几乎所有产品的创新都有着相同的效果，当电话取代电报、当手机取代电话、当光纤通信取代卫星通信时。

其次，技术的创新。技术的创新给世界带来的不只是成本的降低，很可能是一场新的革命。以页岩气为例，早在 80 年前，美国就打下了第一个页岩气气井，然而受制于技术，页岩气的生产一直无法规模化商业化。20 世纪 80 年代以来，美国的一些小公司开始开发水力压裂技术，20 年的时间里该项技术逐渐成熟，页岩气的开采热潮席卷美国。手持页岩气这柄利器，美国，这个曾经世界上最大的能源进口国，宣称在未来 20 年实现能源自给自足。2012 年 11 月 14 日《北京商报》报道：

国际能源署 12 日发布《世界能源展望》预计，到 2017 年美国将超越沙特成为全球最大产油国，到 2035 年美国将基本实现能源自给自足。

支撑国际能源署论断的最主要论据是近年来美国页岩油气产量增长迅猛，而其背后推手主要是技术进步和价格杠杆。

页岩油气属于非常规油气，这种资源开采技术难度大、成本高，过去一直被认为是不可开发的能源。直到近些年，随着业界将水压破裂技术和水平钻井技术结合在一起后，页岩油气的开采才取得了突破性进展。

在页岩气方面，据美国能源信息署的资料，美国页岩气产量在2010年达到1400亿立方米，约占干气产量的23%，而在2000年页岩气产量比重还不到1%。美国政府认为，页岩气是美国天然气产量最主要增长源。

再次，业务的创新。买东西不是创新，卖东西不是创新，但通过互联网把买东西的人和卖东西的人结合在一起就是创新了。这就是一天创造了350亿元销售额的淘宝。这种业务上的创新省略了很多销售和消费之间的过程，大大降低了物流的成本。

还有流程的创新、服务的创新、营销的创新、设计的创新、商业模式的创新，等等，都是企业跨越式发展的强大驱动力。2013年12月10—13日召开的中央经济工作会议，更是把创新摆到了化解产能过剩的战术层面，而不仅仅是战略指导，会议指出："化解产能过剩的根本出路是创新，包括技术创新、产品创新、组织创新、商业模式创新、市场创新。"

就拿服务创新来说，2013年5月29日第二届京交会暨全球服务论坛北京峰会在人民大会堂举行，李克强总理作了《把服务业打造成经济社会可持续发展的新引擎》主旨讲演，对服务业创新驱动中国经济全面升级充满期待，李克强总理指出："发达经济体在寻求再工业化、再制造化过程中，着力保持服务业领先优势。发展中国家在推进工业化过程中，着力弥补服务业发展的不足。"传统服务业为就业提供大量岗位，研发、信息、物流等新兴服务业为发展增添动力，服务业日益成为促进世界经济复苏、引领转型发展的新引擎、新方向。

三 政府：让体制创新的步伐跟上企业创新的脚步

推动政府职能从研发管理向创新服务转变。完善国家科技决策咨询制度。坚持战略和前沿导向，集中支持事关发展全局的基础研究和共性关键技术研究，加快突破新一代信息通信、新能源、新材料、航空航天、生物医药、智能制造等领域核心技术。瞄准瓶颈制约问题，制定系统性技术解决方案。

强化企业创新主体地位和主导作用，形成一批有国际竞争力的创新型领军企业，支持科技型中小企业健康发展。依托企业、高校、科研院所建设一批国家技术创新中心，形成若干具有强大带动力的创新型城市和区域创新中心。完善企业研发费用加计扣除政策，扩大固定资产加速折旧实施范围，推动设备更新和新技术应用。

深化科技体制改革，引导构建产业技术创新联盟，推动跨领域跨行业协同创新，促进科技与经济深度融合。加强技术和知识产权交易平台建设，建立从实验研究、中试到生产的全过程科技创新融资模式，促进科技成果资本化、产业化。构建普惠性创新支持政策体系，加大金融支持和税收优惠力度。深化知识产权领域改革，加强知识产权保护。

扩大高校和科研院所自主权，赋予创新领军人才更大人财物支配权、技术路线决策权。实行以增加知识价值为导向的分配政策，提高科研人员成果转化收益分享比例，鼓励人才弘扬奉献精神。

——《中共中央关于制定国民经济和社会发展第十三个五年规划的建议》

首先是我国的国有企业。在我国的经济中，国有大企业占有重要地位，这些企业往往掌握着巨大经济资源，获得政府经济上的、政治上的和法律上的巨大帮助。但是，由于内部的低效率和行政化，国有大企业的创新能力非常低下，据中国社会科学院经济研究所发布的最新研究报告，在所有类型的企业，包括国有企业、外资企业、集体所有制企业中，技术创新能力和创新成果表现最差。例如，就技术创新效率来说，其专利申请数、发明专利申请数、拥有发明专利数、新产品工业总产值与科技经费支出比，国有企业最低。更严重的是，国有大企业还凭着自己行政上的优势地位挤压创新能力更强的私营中小企业。无数事实都证明，一个充斥着大企业的经济缺乏创新，更何况是拥有其他非正常竞争手段的大企业。美国学者安纳利·萨克森宁早在20世纪90年代，就考察研究了美国两个主要的高新技术产业基地——硅谷和128公路地区的发展差异，得出了制度环境对创新的基础性作用，学者罗良忠和史占中在2003年第15期《研究与发展管理》上发表文章《硅谷与128公路——美国高科技园发展模式借鉴与启示》，从中小企业推动创新角度对此也做了深刻分析：

硅谷与128公路高科技园区，都是在二战期间及其以后的美国政府军事研究与国防采购支持下成长与发展起来的。20世纪80年代以前，128公路地区领先于硅谷；但自此以后，硅谷蒸蒸日上，而128公路地区一直走下坡路。例如，1998年，硅谷的GDP约为2400亿美元，占美国GDP的3%。……

硅谷的发展是靠一大批非常具有创新活力的中小企业作为发展高科技产业的一种支撑，一种基础。在此基础上，又形成一些具有高科技实力的企业，这样形成合理的高科技产业结构。硅谷鼓励创立公司，主要是中小企业，形成了小企业集群。硅谷的成功离不开生生灭灭的成千上万的小公司。这些小公司在其存在和发展的过程中相互影响，有的达成合约，有的结成联盟，在竞争与合作中共同推动了硅谷的创新，使硅谷获得了持续的竞争优势。

128 公路地区与硅谷在企业集群方面存在着很大差别。128 公路地区主要是大企业的集聚，因为小企业很难拿到计算机元件。128 公路那里几乎没有小企业，附近全是一些非常著名的大企业。由于大企业本身具备的弊病，老死不相往来，相互之间没有交流和沟通，技术也没有相互渗透，所以 128 公路地区整个发展态势越来越差，走下坡路。由此可以看出，整个高科技中小企业对高科技产业有着非常重要的基础作用。

其次是我国“政府的手”。李克强总理自就任以来屡次批评我国政府对经济的干预过多过深。实际上这种政府主导下的干预经济严重阻碍了市场的创新能力。试想，当找市场不如找市长，当千辛万苦搞创新带来的利润不如轻轻松松搞关系带来的利润，谁还会创新呢？当穷数年功夫创新来的业务不敌行政的一纸批文时，谁还会创新呢？张维迎教授在 2012 年底的一次讲演上谈道：

“优秀的企业为什么会失败？因为舍不得放弃，不懂得创新！”“看一个企业的发展水平，最重要的是看创造价值的能力和承担责任的能力。”昨日上午，应共青团福建省委、省工商联和阳光城的邀请，著名经济学家、北京大学光华管理学院经济学教授张维迎来榕与福建企业家畅谈企业家精神。

特权太多阻碍企业家精神

“政府所有的干预都抑制了真正的企业家精神。”张维迎指出，中国之所以发展好，是因为政府管得越来越少，国有企业越来越小。“所以未来你只有继续推进市场化改革，继续推行国有企业改革，让民营企业有更大的舞台，中国才有希望。”

张维迎认为，企业家是市场核心，市场靠的就是企业家精神，任何阻碍企业家精神发挥的政策都是反市场的。计划经济最大的特点就是阻碍企业家精神发挥作用。

再次是我国地方政府不正确的政绩观。中国的官员提拔讲求政绩，而政绩中最大的一部分就是经济的增长。在这种“增长主义”政绩观带动下，只要能提高GDP，只要能带来经济增长，无论是多么落后的企业，地方政府都欢迎；只要还能生产，只要还能提供利税，无论多么落后的企业，地方政府都不希望它被淘汰掉，都不把它搬到其他地方。这种思路恰恰是创新的大敌。什么样的思路才可取？让我们看看，浙江“两只鸟”的理论。

养好“两只鸟”：一个是“凤凰涅槃”，另一个是“腾笼换鸟”。所谓“凤凰涅槃”，就是要拿出壮士断腕的勇气，摆脱对粗放型增长的依赖，大力提高自主创新能力，加快建设科技强省和品牌大省，以信息化带动工业化，打造先进制造业基地，发展现代服务业，变制造为创造，变贴牌为创牌，实现产业和企业的浴火重生、脱胎换骨。所谓“腾笼换鸟”，就是要拿出浙江人勇闯天下的气概，跳出浙江发展浙江，按照统筹区域发展的要求，积极参与全国的区域合作和交流，为浙江的产业高度化腾出发展空间；并把“走出去”与引进来结合起来，引进优质的外资和内资，促进产业结构的调整，弥补产业链的短项，对接国际市场，从而培育和引进吃得少、产蛋多、飞得高的“俊鸟”。实现“凤凰涅槃”和“腾笼换鸟”，是产业高度化发展的客观趋势和必然选择。这种对更高境界的不懈追求，也是“浙江精神”在新时期的生动体现。（习近平：《之江新语》）

最后是我国的法律制度缺乏对创新的有力保护。在这种情况下，企业极度缺乏创新的动力，一方面是担心自己的创新被别人模仿去，另一方面又存在侥幸心理，希望能模仿其他企业的创新。偶尔有些企业获得了实质性的创新，因为国内专利保护的不力，也不敢申请专利，自己秘而不宣，阻碍了其他企业在这个创新的基础上行进一步创新。徐匡迪在2007年的一次访谈中提到：

记者：保护知识产权，为什么要从中国实现科技创新重要保障的高度来认识，这两者是一种什么关系?

徐匡迪：我作为一名从业50多年的工程科技工作者和中国工程院院长，对保护知识产权对科技创新的促进和保障作用深有体会。

科学技术是推动人类社会发展的强大动力，而在现代社会，科学技术的创新发展是需要付出大量的时间、资金和智力的创造性劳动，成功的创新者理应对创新成果拥有产权和获得合理回报。这样，他们的权益和创新的积极性才能受到保护，创新的动力才能可持续。

知识产权制度是市场经济中有效促进科技创新和对知识产权进行管理、保护的重要手段，它赋予知识创造者对其创新成果享有法律上的权利，阻止他人未经权利人许可而使用该成果并以此获利，从而成为保护知识成果创造者的权益、激励创新意愿和行动的行之有效的一项制度安排。

与西方国家的政府相比，中国政府的权力更为集中，对社会的影响力也更大。错误的政府行为可能会带来社会的浩劫或者停滞，如“文化大革命”；正确的政府行为则能极大地刺激社会的活力，如联产承包制和改革开放。所以，在中国，政府的创新大有可为。

四 创新之于社会：为创新培养土壤

中国之所以缺乏创新能力，说到底是我们的社会氛围不支持创新。在教育上，我们讲求死记硬背，在文化上我们讲求顺从谦恭，在社会管理上我们讲求稳定压倒一切。这些都束缚了创新的力量，不予以矫正，中国新不会得到持续的推动。

首先是教育。长期以来，我国的教育重视识记背诵，而忽略创新精神。从古代的“书读百遍，其义自见”到现代的数学公式、物理公式和化学公式，莫不如此。在一遍又一遍的重复过程中，学生的思考能力和创新能力逐渐被抹杀。2014 年 12 月《广州日报》发表社论《另让“标准答案”扼杀了创新人才》：

从教育模式上来说，每一个“过来人”都曾体会“中国式教育”的弊端，那就是强调唯一的“标准答案”，学习的过程被简化为从黑板上抄到笔记本上、再从笔记本上抄到考卷上的应试过程。当然，在这种教育模式下成长起来的中国学生基本功不可谓不扎实，但创新能力的缺失却得不偿失。从儿童时期开始，我们接受的教育就是“非黑即白”：只有标准答案是对的，其他答案都是不对的，只需要记住正确答案就行，没必要去思考还有没有其他答案。这种价值观潜移默化，使得学生只求不出错，却缺乏求新求变的意愿。长此以往，除了被动接受“标准答案”，学生不敢尝试新事物，更谈不上创新。

我国的教育体制方法不改变，培养不出来具有创造性的人才，那么无论是“创新型社会”，“创新型国家”，还是“创新驱动战略”都是一纸空谈。

其次是我国的文化传统。现在很多中国人都对一种现象迷惑不解：孩子小的时候可以和老师、家长顺畅交流，海阔天空地谈论许许多多自己似懂非懂的问题，但随着年龄的增长，反而越来越内向，越来越不愿意表达自己的观点。这种现象的根源在于中国的文化传统。尊卑有序是中国传统文化的核心内容，随着年龄的增长，传统文化通过一天天的学校教育，一天天的家庭教育逐渐渗入孩子的心灵深处。如果不改变这种尊卑有序、盲从权威的文化传统，中国的创新就是奢谈。《新华日报》2010 年 5 月 6 日曾刊文评论：

相对于科学研究和探索，中国人更相信先人的经验和权威，相信古人甚至超过相信今人，迷信权威，缺乏创新和探索精神。所以，尽管人类历史上举足轻重的四大发明都是中国人的，但一个客观的事实是，所有的现代工业文明都是西方人的成果。

郑和下西洋时，中国的造船技术是世界一流的，但几千人的船队七下西洋，不过为了宣示明王朝的“富有与强大”。当麦哲伦的船队环游世界时，当西方人使用中国发明的指南针、火药入侵我们时，我们想到的竟然是在大海边再造一处万里长城，思维的守旧，缺乏创新和探险精神由此可见一斑。

最后是我们过于强调稳定。例如，在很多年里，我国的证券行业有一种奇怪的现象，就是无论证券公司想从事什么新业务，都必须得到证监会的一封“无异议函”，也就是证监会的同意。为什么有这样的规定？就是因为担心证券公司的任何新业务会带来社会风险。这是中国社会对风险极端厌恶的一个表现。在一个个或明或暗的“无异议函”之下，社会被固化，大大小小的企业和形形色色的个人只能按照既定的轨道前行，严重消磨社会的创造性。与其预防风险的发生，不如给创新更多的宽容，建立起社会容忍风险的制度。

第三篇

控风险：

突破瓶颈，化解危机，提升系统性抗风险能力

第九章 地方债务

有效防范地方政府性债务、信贷等方面存在的风险。

——2013年4月17日 国务院常务会议

下力气推动建立公开、透明、规范、完整的预算体制，形成深化预算制度改革总体方案，完善地方政府债务风险控制措施。削减、合并一批专项转移支付项目。

——2013年5月6日 国务院常务会议

我们还通过加强监管和规范发展，积极防范和化解财政金融领域的潜在风险。对大家都很关注的地方政府性债务问题，我们正在采取有针对性的措施，有序规范和化解。可以有把握地说，总体是安全可控的。

——2013年9月11日 李克强总理在第七届夏季达沃斯论坛上致辞

【导读】

“欧洲五国”在泥淖中越陷越深，引发的欧债危机阴霾还未散去，中国地方债务问题又成为国内外各方关注的焦点。地方债务，简而言之，就是由地方政府借入或者担保并承担还本付息义务的债务。在欧美国家，由于各个地方政府是独立预算的经济主体，这个概念很简单，就是各地方政府借入的债务。但在中国，这个概念变得异常复杂，不仅包括以地方政府为主体的债务，还包括地方政府的机关事业单位以及专门成立的基础设施性企业，甚至还包括地方机关单位提供担保形成的债务。为什么地方债务会成为中国各界关注的焦点？在硬性的法律面前，为何地方债务越来越多？如何拆掉这个定时炸弹？未来的发展方向是什么？我们希望通过这四个问题带领大家厘清领导层对地方债务的思路。

一 地方债务，达摩克利斯之剑

长期以来我国地方政府从法律上是不允许借债的，因为地方政府并不是一个独立的法律主体，只是中央政府的分支机构。然而，在填补财政漏洞和发展经济的驱动下，我国地方债务已经积累了巨大的债务存量。2013 年 7 月，国务院发出紧急通知，决定审计署对全国范围内的政府债务进行摸底，经过数月的努力，2013 年 12 月审计署发布《全国政府性债务审计结果》，《全国政府性债务审计结果》显示：

截至 2013 年 6 月底，地方政府负有偿还责任的债务 108859.17 亿元，负有担保责任的债务 26655.77 亿元，可能承担一定救助责任的债务 43393.72 亿元。根据近年来地方政府性债务在举债主体和融资方式上出现的新情况，本次审计，在政府负有担保责任的债务中，包括了全额拨款事业单位为其他单位提供担保形成的债务 383.52 亿元；在政府可能承担一定救助责任的债务中，包括了地方政府通过国有独资或控股企业、自收自支事业单位等新的举债主体和通过 BT（建设—移交）、融资租赁、垫资施工等新的举债方式为公益性项目举借，且由非财政资金偿还的债务 19730.13 亿元。

虽然审计署有着严格的审计程序，审计结果是目前最权威的数字，但社会上仍有不少人质疑这个数字偏低。姑且不论这种质疑是否有道理，仅审计结果的数据也已经是堪称庞大了。债务最终是要偿还的，地方政府有没有这个能力还钱，地方政府愿不愿意还钱，都还是一个未知数。

一方面，人们不知道地方政府有多少钱可以用来偿还债务。地方政府的债务主要是投资于基础设施建设，比如修建公路、平整土地以及建立配套的水电设施。在以往 30 多年的经验中，这些措施会带来良好的经济效益。修好了公路，本地的产品可以畅销出去，外地企业愿意到本地投资，而平整好的土地更是可以卖给兴办厂房的企业或者开发商品住房，卖个好价钱。这些设想中的美好经济效益都是建立在中国经济持续高速增长的基础上的，一旦经济增速滑落，这些基础设施都会贬值，变成地方政府的包袱、烫手的热山芋。中国经济正进入中高速增长的“新常态”，2015 年上半年中国 GDP 增速只有 6.9%，低于 7%，25 年里的最低值。在这种经济形式下，企业的经营活动特别是投资大幅萎缩，很多地方政府建立的工业园空空如也。

如果政府也像企业一样要编制财务报表，又或者基础设施存在活跃的交易市场或者其价值可以用某种方法准确衡量，那么这些资产的贬值必定要反映到政府的财务报表中，大家可以准确地知道损失了多少、在哪些地方损失的。然而，这一切都是假设，实际上政府不需要贬值报表，基础设施的价值也无法准确衡量，因此这些资产的真实价值都如同谜语一样，大家只能靠猜了。

另一方面，人们不清楚地方政府是否真的有意愿偿还债务。在国外，地方债务的债务人都是地方政府，非常明确，但在中国的地方政府债务中，有些债务人是地方政府的某些机关，有些又是政府成立的融资平台，责任不清导致不知道应该谁来还债。在政府的财力足以还清所有债务时，一切都很美好，政府不大可能因为债务丧失自己的信誉，但在政府财力不足、难以还清所有债务时，很有可能发生政府不承认这个平台的责任，下一届官员不承认上一届官员的事情。如果债权人担心自己的权力得不到保护而在短时间内一起要求地方政府偿还债务，那必然引起轩然大波。

二 扭曲的机制：弱势的地方政府，强势的地方政府

为什么中国地方政府需要借这么多债务？为什么中国地方政府能够借到这么多债务？因为地方政府很弱势，因为地方政府很强势。

这似乎是一句矛盾的话，地方政府怎么会既强势又弱势呢？弱势，是说地方政府面对中央政府弱势；强势，是说地方政府面对市场和人大强势。面对中央政府，弱势的地方政府不得不隐形借债；面对市场，强势的地方政府能够隐形借债。

中央政府对地方政府的三大约束：财税分配体制和官员选拔体制，使得借债几乎成为唯一的选择。

提到地方政府债务，就不得不提到 1994 年中国财税体制改革。改革开放之后，为激活地方政府积极性，中央财政一再向地方政府放权让利，逐渐形成外重内轻，地方财大气粗，中央入不敷出的局面。为了改变这一局面，中央政府在 1994 年进行了最新一轮的财税体制改革。改革之后，总量大征收容易的税种都收归中央，地方政府只剩下一些边角料的税种。直到如今，地方政府以 8 倍于中央的财力，承担 15 倍于前者的教育支出、21 倍的社保就业支出以及近 23 倍的农林水利支出。面对这样的财权事权，借债成为维持地方政府运转的唯一选择。

提到地方政府债务，也不得不提到中国的官员选拔体制。中国

目前没有实行西方的选举制，官员的晋升主要在于上级的考核和提拔。最能让上级直接看到的无疑就是所辖地区的经济总量、经济增速。一些学者专家的研究得出结论，GDP 增速在决定官员能否得到提拔的各项因素中，解释力最强。面对这样的提拔机制，地方官员们只有倾尽全力提高经济增速，借债无疑是地方经济快速发展的最佳途径。而且，从借债到偿还是有一定的时间差的，往往债务还没到偿还期，这一届的官员已经得到提拔。面对这样的选拔机制，融资成了领导的主业，借债成为提高政绩的不二法门，这种地方政府“公司化”模式导致的“吸进池”效应，往往在下一届或者以后几届逐步显现出来，不仅透支了该地区未来发展资本，而且极大压缩了新一届领导班子的政策弹性和运作空间。

面对中央政府弱势的地方政府，在面对市场时有变得极为强势。在一个正常的金融市场里，如果一个普通的经济主体不透露自己的经营状况，不透露自己的资产负债表，不提供充足的抵押担保，它可以借到钱吗？估计一分钱都借不到。然而，中国的地方政府可以，因为地方政府不是一个普通的经济主体。一方面由于历史传统，中国人对政府抱有不同寻常的信任，地方政府凭借这份信任就可以在市场上借钱。一句常常挂在金融机构工作人员嘴边的话就是：“还怕地方政府没钱还账?!”另一方面，地方政府往往拥有一个正常市场主体不应该拥有的权力，或明或暗，或逼或骗，迫使金融机构放贷。

为个别地方政府隐形借债大开方便之门的就是该级人大。在西方国家，财税权力一般都在议会。议会不仅规定一个政府可以征收多少税收，也规定政府可以借贷多少债务。2013 年的 9 月末 10 月初，全世界都在关注着一条新闻——美国政府关门，而这次关门的直接导火索就是美国议会不同意提高政府债务的上限。为了不准政府多借债，不惜让政府关门，可想而知，西方国家里议会对政府的财政约束有多强大。当然，这在中国是不存在的。在中国，人大几乎很少否决过政府的预算。

三 疏堵结合、标本兼治，重塑财政体系

面对潜在的地方政府债务危机，新一届政府的应对会是如何呢？如果用八个字来概括，那就是：疏堵结合，标本兼治。2014年9月《国务院关于加强地方政府性债务管理的意见》指出：

疏堵结合。修明渠、堵暗道，赋予地方政府依法适度举债融资权限，加快建立规范的地方政府举债融资机制。同时，坚决制止地方政府违法违规举债。

在解决地方政府债务问题上，一直有两种思路，一种是回到1994年《预算法》的范围内，地方政府不再允许借入任何债务，这是“堵”；一种是立法明文规定地方政府可以借入债务，这是“疏”。这两种方法都蕴含着巨大的风险。如何预防地方政府债务演化为危机成为李克强总理的短期目标，而疏堵结合无疑是达到这一目标最好的途径。2013年3月25日，上任伊始的财政部部长楼继伟表示，（关于地方债务）会给地方政府开一条正道，堵住那些歪门。这在中央政府的政策中得到反映。一方面，中央政府正在试着扩大地方政府市政债券试点计划。2013年10月20日，据报道称，我国或将于11月决定扩大地方政府市政债券试点计划。另一方面，部分部委在试图对地方政府融资进行严格的管控。2013年4月19日，国家发改委下发通知，要求对AA+级以下的地方政府融资平台进行更加严格的审查。2013年8月29日，银监会下发通知，限制银行扩大对地方融资平台的贷款规模。党的十八届三中全会决定中说：“建立透明规范的城市建设投融资机制，允许地方政府通过发债等多种方式拓宽城市建设融资渠道。”

2015—2017年是地方债务集中到期的时间，中国的金融系统面临着严峻考验，为缓解紧张局面，中央政府提出“地方债务置换”的方法，即由地方政府发行债券，定向销售给商业银行，地方政府拿到债券销售的资金后定向偿还欠该商业银行的贷款。2015年3月12日，财政部发文确认置换1万亿元地方债，置换债券由地方政府自发自还，并且必须用于今年到期的债务，预计这3年里会有数万亿元地方债务通过这种形式变成地方债券。“地方债务置换”的好处在于，一方面形成了实质性的贷款展期，贷款偿还期向后推延；另一方面，债券的利率远低于之前的贷款，地方政府财务利息负担大为降低。2016年“两会”上，财政部部长楼继伟说，2015年全国人大核准了地方债务余额16万亿元，其中15.4万亿元是2014年底以前的地方债务存量。存量债务中只有1万多亿元是经过全国人大批准过的债券，剩下都是非规范的债务。2016年统计的地方到期债务还有5万亿元左右，继续允许地方发行债券置换到期的债务。以后年度还有到期的，只要在债务余额之下，地方可以借新还旧不是大问题。当然，“地方债务置换”牺牲了商业银行的利益，从本质上看地方债券的流动性和信用风险都和之前的贷款完全一样，但商业银行只能获得之前一半左右的利率。

然而，“疏堵结合”，只是治理地方债务问题的“标”，防止地方债务突然大规模违约形成经济危机，无法触及根本。要想从本质上改变中国地方债务问题，还是要进行体制改革，重新界定中央政府、地方政府以及市场之间的边界。2013年11月7日，李克强总理在地方政府职能转变和机构改革工作电视电话会议上讲道：“如果说中央政府改革是上篇，地方政府改革就是下篇，……政府改革的主要目的，就是进一步理顺政府和市场、政府和社会、中央和地方的关系，更好地发挥市场、社会的作用，更好地调动中央和地方两个积极性，推动政府全面正确地履行职能，加快现代政府建设。”

首先是财税体制改革。党的十八届三中全会公报中说："建立现代财政制度，发挥中央和地方两个积极性。要改进预算管理制度，完善税收制度，建立事权和支出责任相适应的制度。"这是对1994年改革形成的财税体制进行修正的先声。只有地方政府有了长期稳定的财政收入来源，财权与事权相匹配，地方政府才能脱离对借款的依赖。目前在重庆和上海试点的房产税正是培育地方税种的努力之一。党的十八届三中全会《决定》中也提出，完善地方税体系。

其次是选拔机制改革。2013年6月28日，习近平总书记在全国组织会议上强调，要改进考核方法手段，把民生改善、社会进步、生态效益等指标和实绩作为重要考核内容，再也不能简单以国内生产总值增长率来论英雄了。这是对现行官员考核机制进行改革的先声。当地方官员的提拔与经济不再有直接关系，增长主义不再成为地方官的执政主导思维，地方政府及其负责人自然不再有强烈的动力四处借债。《国务院关于加强地方政府性债务管理的意见》强调：

建立考核问责机制。把政府性债务作为一个硬指标纳入政绩考核。明确责任落实，各省、自治区、直辖市政府要对本地区地方政府性债务负责任。强化教育和考核，纠正不正确的政绩导向。对脱离实际过度举债、违法违规举债或担保、违规使用债务资金、恶意逃废债务等行为，要追究相关责任人责任。

再次是市场和政府的边界定义。2013年3月17日，李克强总理在答中外记者问时说："政府有错位的问题吗？那就把错装在政府身上的手换成市场的手。"这是理顺政府和市场之间关系的先声。当市场的约束足够强大，当地方政府只能作为一个普通的经济主体参与经济活动，巨额的隐形地方债务将消散于无形。地方政府的债务规模受到市场的约束，地方政府的财务信息也不得不详细披露，各种试图欺骗交易对手欺骗市场欺骗公众的花样都会受到惩罚。在

2013年11月7日在地方政府职能转变和机构改革工作电视电话会议的讲话中，李克强总理要求“地方政府原则上不要再直接投资办企业”，这就堵住了地方政府借道企业发债的路径。

最后是人大对地方政府的约束。2013年5月6日，国务院常务会议决定：“下力气推动建立公开、透明、规范、完整的预算体制，形成深化预算制度改革总体方案，完善地方政府债务风险控制措施。削减、合并一批专项转移支付项目。”这是加强人大在财税约束方面权力的先声。当地方的人大负责决定地方政府的征税发债时，地方债务就不会如此隐蔽而大规模的膨胀。

四 地方政府的未来：透明与放权

时至今日，对于地方政府来说，隐形借债已经此路不通，无论是中央政府还是市场，都不会再允许，透明与放权成为地方政府必然的选择。

2013年6月15日，财政部财政科学研究所所长贾康撰文指出，地方高负债的治本之策在于“治存量、开前门、关后门、修围墙”，在实行地方债务透明化的前提下，允许地方合理举债。中央政府也下定决心让所有的地方债务暴露在阳光下，《中共中央关于全面深化改革若干重大问题决定》中提出：建立跨年度预算平衡机制，建立权责发生制的政府综合财务报告制度，建立规范合理的中央和地方政府债务管理及风险预警机制。让地方债务透明化已经成为各界的共识，是大势所趋。孙中山先生说：“天下大势，浩浩汤汤，顺之者昌，逆之者亡。”地方政府最好的应对方式就是顺应这种趋势。与其由中央政府公开，或者出现偿付危机不得不公开，不如自己主动公开，让债务透明化。

债务透明可能在短时间内造成一定的负面影响，但从长远来看，带来的好处可能远远大于弊端。地方政府担心一旦债务公开，金融机构会因为风险太大而集中要求偿付。实际上逻辑可能正好相反，当地方债务透明以后，金融机构知道最坏的情况也就是这样，做到了胸中有数，反而不会要求提前偿付。反倒是债务不透明，金融机构不知道最坏的情况是什么样，“恐惧源于未知”，很有可能要求提前还债。一个活生生的例子就是雷曼兄弟破产案。当雷曼兄弟的资产出现问题时，其他金融机构由于不知道问题资产到底有多少，结果纷纷做最坏的打算，完全拒绝向雷曼兄弟借款，雷曼兄弟丧失流动性不得不破产倒闭。实际上，破产后清算雷曼兄弟的资产，发现问题资产远远小于外界的猜测，如果一开始市场就完全了解雷曼兄弟的真实情况，雷曼兄弟完全有可能避免破产的命运。

与债务透明化成为趋势一样，政府放权也成为趋势。2013 年 3 月 17 日李克强总理在答中外记者问时说：“那就把错装在政府身上的手换成市场的手。这是削权，……决不明放暗不放，避重就轻，更不能搞变相游戏。”2013 年 3 月 7 日，全国政协委员迟福林强调，特别是面对着社会利益主体与利益诉求多元化的趋势，政府要在公共服务领域向社会公益组织放权，加快官办社会组织、传统事业机构的“去行政化”改革。李克强总理的现实政策为政府放权做出了注脚。2013 年 5 月，国务院发文《国务院关于取消和下放一批行政审批项目等事项的决定》，取消和下放了 117 项行政审批项目。2013 年 10 月 28 日，国务院常务会议决定对企业注册资本制度进行重大改革，注册资本由实缴登记制改为认缴登记制。中央政府都已经放权，地方政府更不能抗拒潮流。

地方政府要把权力放给其他两个主体：市场与人大。首先地方政府要把发展经济的任务交给市场。长期以来，中国的地方政府承担着主导经济发展的责任，因此地方政府才疯狂借债以期快速发展经济。这种模式严重偏离了政府的基本职能，扭曲了经济结构，因而广受诟病。把发展经济的任务交给市场，政府才能从不得不借债的困境中走出来。其次，政府要把市政发展的权力还给人大。党的十八届三中全会《决定》中表示，健全“一府两院”由人大产生、对人大负责、受人大监督制度。相对于几年一换的政府官员，人大要稳定得多；相对于政府的“一把手拍板”，人大的决策过程也科学严谨得多。由人大决定市政发展中的重大问题，会比政府的决策更具有长远规划。南京市前市长季建业被“双规”后，记者报道，由季建业决策推进的市政工程几乎都是败笔。

实际上，透明和放权是保护地方官员的一种好方式。正是地方政府可以暗箱借债融资，地方政府拥有巨大权力做出各种决策，才使得如此之多的地方官员锒铛入狱。试想一下，如果南京市市政建设的决策权在人大，如果南京市必须公开借债的一切细节，会不会减少季建业从一个副省部级高官变成阶下囚的可能性？

第十章　中等收入陷阱

中国已进入中等收入国家行列，但发展还很不平衡，尤其是城乡差距量大面广，差距就是潜力，未来几十年最大的发展潜力在城镇化。我们推进城镇化，是要走工业化、信息化、城镇化、农业现代化同步发展的路子，要保证粮食安全，中国的粮食要立足自身，不可能靠世界市场解决，要更加注重绿色发展，加强环保节能，还要深化改革，加强社会建设，推进完善基本公共服务等。这些都需要国际视野和世界经验，这有利于我们成功跨越中等收入陷阱。

——2012年11月28日　李克强副总理会见世界银行行长金墉时指出

今后实现经济持续健康发展，仍然要靠改革。我国发展仍处于可以大有作为的重要战略机遇期，新型工业化、信息化、城镇化、农业现代化深入推进，区域发展回旋余地很大，今后一个时期保持经济中高速增长是有潜力、有基础的。但也要看到，我国经济发展已进入结构调整阵痛期、增长速度换挡期，到了爬坡过坎的紧要关口。不深化改革，发展就难有活力、难以持续，甚至可能陷入“中等收入陷阱”。我们要坚定不移推进改革，坚决破除体制机制弊端，进一步解放和发展生产力，把千千万万群众的积极性和创造性调动起来，让潜在的发展优势充分显现，推动经济发展行稳致远。

——2014年5月 李克强总理《关于深化经济体制改革的若干问题》

【导读】

在一场全球马拉松经济长跑中，跑在前面的52个国家，它们是世界上最富有的；落在后面的，被称为低收入国家，有35个；跑在中间的92位“选手”，被称为中等收入国家。中国未来10年，将跑在这92个国家的中间靠前位置，但每跑一步，都可能落入诸如体制僵化、经济增长回落甚至停滞、失业率高企、贫富差距加大、腐败高发、过度城市化、社会公共服务短缺、社会动荡、信仰危机、金融体系脆弱等泥淖，也就是所谓的“中等收入陷阱”。

“中等收入陷阱”指一国的人均收入长期处于中等收入水平，由于难以实现经济发展方式的有效转变，始终无法成为高收入国家。在世界经济史上，经常可以观察到这样一种现象，当一些国家在低收入水平时发展经济，开始时非常容易，总收入和人均收入迅速增长，但到了中等收入时，发展就出现了瓶颈，经济长期停滞，始终徘徊在中等收入，难以突破。世界上很多国家都陷入了中等收入陷阱，特别是拉美、东亚和中东的一些国家，这些国家在快速达到中等收入之后经济增长乏力，人民生活水平长期得不到改善。在现实生活中，中等收入陷阱表现为人均国民总收入长时间难以突破某一限值，比如说10000美元。

目前我国人均国民收入大约5000美元，正处于中等收入国家。中国能否跨越中等收入陷阱，成为众多国际国内学者专家争论的焦点。从根本上说，这不是一场和其他选手的比赛，而是自我跨越的过程。

一　胜败有凭，没有谁能随随便便成功

世界银行是在总结国际经验的基础上提出“中等收入陷阱”概念的。李克强总理说：“……需要国际视野和世界经验，这有利于我们成功跨越中等收入陷阱。”那么“国际视野”和“世界经验”有哪些呢？让我们一起回顾世界经济史，看看中等收入陷阱面前的赢家和输家，检视一下为什么有些国家会成功，有些会失败。

拉丁美洲地区是陷入“中等收入陷阱”国家最为集中的地方，在经济界还有一个词汇叫“拉美病”，其内涵和“中等收入陷阱”相差不多。拉丁美洲总共有33个经济体，其中中等收入的经济体有28个。差不多30年前这些经济体的人均收入就超过了1000美元进入了中等收入国家，但直到2009年人均收入仍然没有达到10000美元成为高收入国家。拉美国家最为著名的“中等收入陷阱”是阿根廷。阿根廷自然条件极为优越，既有大片的耕地和草原发展农牧业，也有丰富的矿产发展工商业，早在20世纪初，就凭借农牧产品出口，成为拉美首富和世界级富国，经济位列世界前十名，但是经过100年的发展，直到现在，仍然没有迈入高等收入国家的门槛。学者王茹曾在2012年7月的《学习时报》上撰文《阿根廷为何难跨越“中等收入陷阱”》描述阿根廷的现状：

阿根廷在经济上长期挣扎徘徊于中等收入阶段，1970—2009年的40年间，有15年实际人均GDP平减指数出现负增长，且平均5年发生一次经济危机，经济发展道路曲折。同时，社会发展严重滞后，贫困化程度很高，收入分配失衡，中央与地方权力倾轧严重，政党利益冲突激烈，官吏腐败严重，贪污索贿盛行。

正如现实中赢家总比输家少一样，与众多陷入“中等收入陷阱”的国家相比，成功跨越“中等收入陷阱”的经济体非常少。日

本和“亚洲四小龙”是国际上公认的跨过“中等收入陷阱”的经济体。这些经济体都有着相似的经历：二战之后经济一穷二白，经历20世纪60年代的发展之后70年代初进入中等收入国家，整个70年代和80年代前半期经济仍然迅速发展，1980年左右进入高收入国家行业。

记得一句歌词叫“没有人能随随便便成功”。仔细考察陷入“中等收入陷阱”和跨过“中等收入陷阱”的国家和地区，可以发现，成功和失败都是有原因的。

无论是拉丁美洲的阿根廷、巴西，还是东南亚的马来西亚、菲律宾，抑或是中东的叙利亚，都在经济、科技、社会和政治各方面存在弊端。

在经济方面，这些国家的经济模式都很单一。二战以后，拉美国家广泛推行“进口替代”发展模式，在过度的国家保护主义的庇佑下形成了庞大而众多的国有企业，这些企业效率极其低下。这些国家对科技的投入普遍不足，无论阿根廷、墨西哥等拉美国家还是马来西亚菲律宾等东南亚国家都没有学到或发展出先进的科技和管理知识。在注重经济发展的同时，这些国家都忽略了社会建设。无论是阿根廷、巴西，还是菲律宾、叙利亚，无一不是贫富差距极大。这些国家都有一个贪腐低效政府。在拉美国家军事政变如同家常便饭，国家政权在独裁而贪腐的军人政府和低效而贪腐的民选政府之间更替。菲律宾的马科斯在贪腐方面的名声近代罕有。

反观日本和韩国，都在艰难的政策努力之后有效地回避了这些问题。日本在20世纪50年代到80年代之间进行了四次大的产业结构调整，实现了经济结构优化，完成了由“贸易立国”到“技术立国”再到“文化立国”的转变。在发展经济的同时，日本重视科学技术的进步，在消化吸收欧美国家现有的科学技术的基础上，重视基础性和开拓性研究，迅速实现了科学技术的飞跃。日本本身特殊的国情和历史则保证了政治的稳定、清廉和高效。

韩国则是继日本之后的新秀。在20世纪60年代发展出口导向型经济开始，韩国就没有把这种经济发展模式当做长远之计，已经决定建立自己具有国际竞争力的产业。20世纪80年代，韩国进入中等收入国家，在长期准备的基础上，迅速完成经济增长方式、产业结构和经济增长动力结构的转型。在经济建设的同时，韩国重视社会建设。韩国作为一个传统的儒家国家，历史就非常重视教育，在经济发展后，对教育和科技的投入更是不惜代价。近年来，韩国频频出现学术造假行为，如黄禹锡的克隆实验，从一个侧面反映了韩国这个国家对国家科技进步的急切期盼、急于求成、急不可待导致的急功近利。国家开发银行行长郑之信在《红旗文稿》中撰文《跨越“中等收入陷阱”的国际经验教训》总结了日韩走出“中等收入陷阱”的原因：

从20世纪50年代初到80年代，日本实现了轻工业—重工业—第三产业的适时转换升级，完成了由“贸易立国”到“技术立国”再到“文化立国”的转变。20世纪80年代以后，西方国家奉行贸易保护主义，极大地冲击了韩国出口导向型经济。韩国提出“产业结构高级化”的政策目标，加速从依托增加资金投入、维持廉价劳动力的粗放型发展战略，转为主要依靠增加研发投资和提高产业科技含量提升竞争力。韩国大力发展以电子工业为核心的技术知识密集型产业，整顿轻纺、纤维、染色等低附加值产业；将汽车、造船、机械等产业的制造工程逐步转移出去，国内主要抓研发、设计等前端工程及营销、售后服务等后端高附加值工程。这为韩国在全球产业调整过程中抢占先机，实现可持续发展奠定了重要基础。

二 城镇化，应对“中等收入陷阱”的着力点

一根长矛可以刺穿坚韧的铠甲，一根木棍却不能刺穿普通的布帛，只因为长矛有锋利的矛锋，把所有的力量都集中在一个着力点上了。解决经济问题也是如此，一个国家如果能找到良好的经济增长点，那么这个国家的经济会在这一个增长点的带领下全面发展，而如果一个国家找不到这样一个好的经济着力点，那整个经济都会陷入低迷。“城镇化”正是李克强总理找到的用来应对“中等收入陷阱”的着力点。2012年9月20日《人民日报》报道了李克强同志出席省部级领导干部推进城镇化建设研讨班学员座谈会的讲话：

李克强指出，城镇化是现代化应有之义和基本之策。从世界上看，已实现现代化的高收入国家都是工业化国家，城镇化率很高，同时农业现代化也达到相当水平……我国已进入工业化中期，但仍将长期处于发展中阶段，而且作为一个13亿多人口的大国，中国要实现现代化在人类历史上没有先例可循，会面临许多难题和挑战。需要立足国情，借鉴经验，探索前进，走工业化、城镇化、农业现代化协调发展的路子。

李克强强调，城镇化是我们最大的内需潜力所在。我国城镇化率刚刚超过50%，按户籍人口计算仅为35%左右，不仅明显低于发达国家近80%的水平，也低于许多同等发展阶段国家的水平。差距也是潜力，在未来二三十年里，如果城镇化率的提高保持目前水平，每年将有1000多万人口转移到城市，这必然会带来劳动生产率和城市集聚效益的提高，带来城镇公共服务和基础设施投资的扩大，带来居民收入和消费的增加，为农业现代化创造条件，从而持续释放出巨大的内需潜能，这正是中国经济长期平稳较快发展的动力源泉所在。

城镇化是和城市化相近的一个概念。城市化指的是农村人口转化为城市人口的过程，简单地说就是住在农村的人口不再住在农村，而是搬到城市居住，农业人口不再从事农业，而是从事工商业。纵观世界历史，任何国家的经济发展都是伴随着城镇化。记得2010年世界博览会时，上海提出的口号就是“城市，让生活更美好”。一部分作家文人总是描述城市的种种不好，喧嚣、机械、冷冰冰等等，但是大多数人好像都在与这些文艺人士们作对，总是希望搬到城市里生活。城市是一个经济体发展水平的标志。世界上第一个城市人口超过农村人口的国家就是19世纪的霸主，最早进行工业革命的英国。在很多人的记忆里，美国高度发达的物质文明就是自由女神像后面那鳞次栉比的高楼大厦。

自近代以来，我国的城镇化进程一直没有停止过，改革开放之后，这一进程迅速提高。然而，我国的城市化存在一个严重的问题：“土地的城镇化”在先，“人口的城镇化”在后。关于我国现在的城市化程度，有着多种说法。有的学者说中国的城市化率已经超过了50%，有的学者根据统计数据计算出的结果则不超过30%。差距的奥秘在于“人口的城镇化”不及“土地的城镇化”。一方面，出于收入的考虑，很多户籍仍在农村的人口到大城市工作；另一方面，中国的农村土地被征用为城市用地，失地农民不得不融入城市。这部分事实上的城市人口在户籍上仍然是农村户口，也无法享受城市里的就业机会和公共服务。“土地的城镇化”和“人口的城镇化”的差距是中国最重要的问题。

2013年1月15日，李克强总理在国家粮食局科学研究院考察调研时指出，推进城镇化，核心是人的城镇化，关键是提高城镇化质量，目的是造福百姓和富裕农民。要走集约、节能、生态的新路子，着力提高内在承载力，不能人为“造城”、“城市搬家”，城镇化的背后，是城市治理水平的现代化。要实现产业发展和城镇建设融合，让农民工逐步融入城镇。显然，在李克强总理的“城镇化”理念中，“人的城镇化”占据着最重要的地位，党的十八届三中全会的《决定》中更是提出“以人为核心的城镇化”。

三 城镇化要靠三大合力支撑

李克强总理提出“未来几十年最大的发展潜力在城镇化”，还提到了一系列的概念，“工业化”“信息化”“农业现代化”和“推进完善基本公共服务”。李克强总理敏锐地察觉到了单靠城镇化是无法实现跨过“中等收入陷阱”的。巴西就是一个鲜明的例子。巴西的城镇化率超过80%，但是这个国家的城市成为噩梦。

在“城镇化”这个着力点以外，李克强总理准备的是一整套强大而完整的配套体系。“工业化”“信息化”和“农业现代化”的背后是科技进步和经济升级，而“推进完善基本公共服务”的背后是社会建设。科技进步、经济升级和社会建设就是李克强总理的三大配套措施。

科技进步是一个国家丰富物质财富精神财富最好的方法，尤其是对中国来说，有着更为深远的意义。中国人口多、资源少，在传统的生产模式下，仅资源约束就足以让中国陷入“中等收入陷阱”难以自拔。只有走科技化的道路，用有限的资源生产出更多的产品，才能把“蛋糕”做大。2013年5月30日，国务院办公厅公布《“十二五”国家自主创新能力建设规划》，规划主要涉及创新基础设施、创新主体、创新人才队伍和制度文化环境等方面。9月11日中国国务院办公厅转发了教育部等部门《关于实施教育扶贫工程意见》，《关于实施教育扶贫工程意见》对发挥教育在扶贫开发中的重要作用，培养经济社会发展需要的各级各类人才，促进集中连片特殊困难地区从根本上摆脱贫困等方面提出了明确要求。党的十八届三中全会《决定》中提到："建立健全鼓励原始创新、集成创新、引进消化吸收再创新的体制机制，健全技术创新市场导向机制，发挥市场对技术研发方向。"这些措施和当年日本政府实行的"技术立国""科技立国"有着异曲同工之妙。

经济升级是李克强总理着力推动的一项内容。2013 年 3 月 17 日，李克强在担任总理后首次中外记者会上，就提出"中国经济升级版"，他表示，"关键在推动经济转型，把改革的红利、内需的潜力、创新的活力叠加起来，形成新动力，并且使质量和效益、就业和收入、环境保护和资源节约有新提升，打造中国经济的升级版。"3 月 29 日，李克强总理在上海召开部分省市经济形势座谈会上，再次强调"用勇气和智慧打造中国经济的升级版"：

打造中国经济升级版，首先要立足于扩大内需，在扩大开放中培育和拓展好国内市场，这是在风云变幻中确保发展能够不断持续的重要基础。转型升级要在稳增长中提高质量和效益。面对竞争激烈、产能过剩矛盾突出、要素成本上升的压力，要支持企业加快调整优化结构，提高科技创新对经济增长的贡献率，推动产业向中高端升级，实现进中求好。

社会进步是走出"中等收入陷阱"重要的依靠。很多国家之所以陷入"中等收入陷阱"，不是由于生产不出足够多的社会财富，而是在于社会财富无法公平分配，贫富差距过大引起社会动荡，最终导致社会长期停滞不前。厉以宁说："收入分配制度改革以后，社会进入一个比较和谐的阶段，再加上技术的创新，再加上其他各方面的改革，我相信中国可以渡过（'中等收入陷阱'）的。"2013 年 3 月 28 日《国务院关于落实〈政府工作报告〉和国务院第一次全体会议精神重点工作部门分工的意见》指出：

推进教育公平。全面落实国家资助家庭经济困难学生政策，做好高校大学生生活困难补助工作，进一步促进教育公平，为国家发

展提供强大的人力资源支撑。（教育部牵头）

推进就业公平。做好推进就业公平有关工作，逐步实现国有单位都能公开公平公正择优录取人员，促进劳动力合理流动，促进社会纵向流动。（人力资源社会保障部、国资委、金融监管机构等负责）

推进创业公平。毫不动摇地巩固和发展公有制经济，毫不动摇地鼓励、支持、引导非公有制经济发展，形成各种所有制经济依法平等使用生产要素、公平参与市场竞争、同等受到法律保护的体制环境。进一步放宽民间投资市场准入，激发民间投资活力。

李克强总理多次在不同场合下表示要提高社会公平，推动教育、医疗等公共服务的公平，缩小收入差距。随着时间的推移，这些讲话也在逐渐转变为现实。

四 地方政府亟须跨越四大思维误区

与其说“中等收入陷阱”是一种经济现象，不如说是一个国家政府缺陷、经济缺陷或社会缺陷的必然结果；与其说李克强总理提出的是应对“中等收入陷阱”的方法，不如说提出的是一整套的政府改革、经济改革和社会改革。我国地方政府的旧思路显然无助于中国走出“中等收入陷阱”，也难以与李克强总理的改革思路相契。谁能尽快寻找到新思路、践行新思路，谁就能获得发展的先机、竞争的优势。正如胡锦涛同志所说的那样：抓住机遇你就赢得发展先机，但是如果抓不住机遇，你就只剩挑战。

纵观近 20 年中国地方政府的发展思路，我们可以发现四大思维误区：“征地造城，主导经济，大举负债，忽视公共服务。”

首先，有些地方政府热衷于征地建房，开发新城，看似和李克强总理的“城镇化”方向契合，实则相去甚远。李克强总理的“城镇化”有一系列的配套措施，“工业化”“信息化”“农业现代化”和“完善基本公共服务”，而地方政府热衷的是征地造城，完成的是土地城镇化，而对失地农民的“城镇化”，公共服务的“城镇化”都较少给予关注。这种思路下的城镇化恰恰陷入了巴西、阿根廷的“城市贫民窟”式的城市化。

其次，我国地方政府主导经济已经广受诟病。为了在短时间内提高 GDP，获得政绩，中国的地方政府倾尽全力发展第二产业，扶植大企业，由此衍生出产业升级缓慢，产能过剩，产业集中度低等一系列问题。以钢铁产业为例，我国钢铁产业严重过剩，行业里中小企业众多，产业集中度低，与每个地方政府都希望扶植一个自己地区的钢铁企业有莫大的关系。掉进“中等收入陷阱”的国家都有着大量低效缺乏竞争力的企业和扭曲的经济结构，李克强总理的“产业升级”正是应对这种问题。地方政府干预经济的旧思路无疑是与李克强总理的改革理念相悖的。

再次，当城市本身的资源不足以支持地方政府维持基本运行，建设新城和干预经济时，地方政府往往想到向银行借款。银行体系大量资金集中于地方政府以及地方政府融资平台。金融危机是“中等收入陷阱”的一大表现，20 世纪 70 年代开始，阿根廷的金融危机频率是世界平均水平的 3 倍。巨额的地方政府债务使中国金融系统正承受着前所未有的压力。

最后，与发展经济的巨大热情形成鲜明对比的是，地方政府对公共服务和社会建设的忽视。受限于政治体制，地方政府的官员一般较少关注公共服务和社会建设。几乎每个中国人都在抱怨，看不起病，医疗费用高昂。地方政府虽然热衷于建设大学城，建设高科技工业园区，但教育和科研实际上一直不在地方政府的核心工作目录上。地方政府对大企业的偏袒一定程度上加剧了中国的贫富差距。无须赘言，这些都有可能把中国推入“中等收入陷阱”，也与李克强总理的方针政策南辕北辙。财政部部长楼继伟在“中国发展高层论坛·2013”上坦言：

中国正在力争摆脱滑向“中等收入陷阱”，尊重和保护市场机制，政府提供必要的公共服务，走上包容式增长的正确道路。政府不能碰到民生问题都要去做，真正做到该管的管住，不该管的不去干预，真正让市场起作用，要“守住底线、突出重点”，“财政能不能可持续，承诺过多而收入不够，我们会走向‘中等收入陷阱’的不归之路。另外很多民生政策、制度是不完善的，我们应该帮助穷人，而不应该帮助懒人”。

眼下，谁能尽快寻找到与李克强总理改革方向契合的新思路，践行与总理改革方向契合的新思路，谁就能获得发展的先机、竞争的优势。如何响应李克强总理的改革方针，从征地造城转变到全面化的城镇化，从直接主导经济发展转变到为经济发展提供良好的环境和服务，从巨额隐形借债转变到规范、透明、合理的借债，从忽视公共服务和社会建设转变到加大科教文卫的投入、加大人力资本投资才是中国地方政府正在面对的严重挑战。

第十一章　中小企业

稳步推出利率汇率市场化改革措施，提出人民币资本项目可兑换的操作方案。建立个人投资者境外投资制度，制定投资者尤其是中小投资者权益保护相关政策，出台扩大中小企业股份转让系统试点范围方案。

——2013 年 5 月 6 日　国务院常务会议

加快发展多层次资本市场。将中小企业股份转让系统试点扩大至全国，鼓励创新、创业型中小企业融资发展。扩大债券发行，逐步实现债券市场互通互融。

加大对“三农”和小微企业等薄弱环节的信贷倾斜。全年“三农”和小微企业贷款增速不低于各项贷款平均增速、贷款增量不低于上年同期水平。

——2013 年 6 月 19 日　国务院常务会议

为支持小微企业发展，会议决定，通过调整支出结构盘活存量财政资金，缓解财政收支矛盾，按照公平税负原则，从今年 8 月 1 日起，对小微企业中月销售额不超过 2 万元的增值税小规模纳税人和营业税纳税人，暂免征收增值税和营业税，并抓紧研究相关长效机制。这将使符合条件的小微企业享受与个体工商户同样的税收政策，为超过600万户小微企业带来实惠，直接关系几千万人的就业和收入。

——2013年7月24日 国务院常务会议

【导读】

40年前没有人把“micro”和“soft”联系在一起，30年前“Apple”还真的是一种水果，20年前“Google”这个单词还不存在，而现在这些公司都成为美国强大国力的具体体现。中小企业是一个国家未来的希望所在，正如一个国家的年轻人一样。20世纪八九十年代以互联网为代表的信息技术革命由硅谷的众多中小企业掀起，最近数年兴起的页岩气革命也是由中小企业主导。然而，在中小企业成长的过程中，困难从来都不会缺席。如何帮助小企业？如何让小企业充满活力？这是摆在领导层面前不得不解决的问题。

一 中小企业是国家经济的活力源头

你能说出哪种商品只有中小企业能生产出来而大企业生产不出来的吗？恐怕很难，而且由于规模优势，大企业生产出来的东西可能比中小企业生产出来的更好更便宜。那么为什么一个经济体一定需要中小企业呢？答案只有一个——活力。

大企业真的没有活力吗？真的没有！管理学上有一个专用名词叫“大企业病”。学术点说“大企业病”指的是企业发展到一定规模之后，在企业管理机制和管理职能等诸方面，不知不觉地滋生出阻滞企业继续发展的种种危机，使企业逐步走向倒退甚至衰败的一种慢性综合病症，用通俗的话来说就是缺乏活力。无须很高的学术素养，单凭生活常识，就可以看出大企业的活力，想一想，最近几十年的很多企业都得过大企业病，比如韩国的大宇、美国的王安，至于中国，几乎没有哪个大型国有企业敢说自己没有大企业病。

当一个企业变大时，“大企业病”几乎不可避免，当一个经济体只存在大企业时，这个经济体丧失活力只是时间问题，就像一片森林里只有参天大树没有小树苗，那么这片森林的消失指日可待。市场的活力在哪里？中小企业是最具活力的市场主体，与大企业多层次的等级结构和与之伴生的低效率、高投入相比，中小企业具有创新效益高、成本低、速度快的特点，特别是中小高科技企业有其灵活的运行机制，以及对新市场的敏锐把握和大胆的冒险精神，有着巨大的创新优势。在所有新科技革命中，中小企业都站在风口浪尖上、勇立潮头。1957 年 11 月 17 日，毛泽东在莫斯科接见中国留苏学生和实习生时的讲话中说道：

“世界是你们的，也是我们的，但归根结底是你们的。”

同样的话可能也非常适用于中小企业：世界是中小企业的，也是大企业的，但归根结底是中小企业的。几乎所有的革命性的技术进步都是从小企业开始的，无论是 Windows 操作系统，还是因特网，无论是 3D 打印还是页岩气，莫不如此。其中页岩气最为明显。

早在 80 多年前人类就开始开采页岩气，但由于开采难度大，技术不成熟，一直没有形成商业化开采的规模。最近数年，由于常规油气价格高企，各国对页岩气的兴趣再次浓厚起来，美国在这方面拔得头筹。页岩气被视为未来各国能源战略的制高点，页岩气革命将重塑世界能源格局，乃至全球政治版图，而值得注意的是，在页岩气开发中，中小企业起到了中坚作用，功不可没。《中国能源报》2013 年 6 月 23 日报道：

美国的能源市场环境非常健全，在历次天然气市场结构调整中，美国政府始终遵循管道公司功能单一化、管输市场竞争化的思路，建立了管输市场公开准入制度，保证了天然气生产商公平地使用天然气管道，提高了市场效率，保证了页岩气价值的合理体现。美国的能源市场结构极具竞争性，页岩气开采绝大部分都由中小企业进行，有效地分散了投资，降低了开采准入门槛，同时，中小企业为了获取更高回报，更加具有创新性，从而能够推动页岩气产业的快速发展。围绕着天然气产业链建立了完善的分工协作机制，E&P公司与专业服务公司形成了相互衔接、配套服务的局面，大量风险投资和民间资本进入页岩气开采领域。

我国一再强调创新，创新的主体是谁？就是中小企业！毫不夸张地说，中小企业就是中国这片大森林里的小树苗，日后成为合抱之木的毫末。在中国有句老话："大河没水小河干。"其实，反过来读也很有意味："小河有水大河满。"如果小河、支流干枯，那么大河离干涸也就去日无多了。这就不难理解，为什么李克强总理将中小企业，包括小微企业放在经济、社会政策的核心位置来考量了。

二 给中小企业松绑，就是给中国经济松绑

"蜀道难，难于上青天"，不知道蜀道和中小企业哪个更难？作为中国经济小树苗的中小企业困难已经是不争的事实，中小企业融资难、税负重，是中小企业困难的集中体现。

一般来说，企业融资有三条路径：银行借贷、发行股票和发行债券。这三条路径对中小企业都有着难以逾越的障碍。银行天然地不喜欢中小企业。中小企业经营历史往往比较短，因此信誉度难以有效衡量；由于其规模小，违约的成本小，违约可能性就高；银行调查企业信誉度的单位成本高；企业缺乏抵押物。所以，中小企业很难在银行融到钱。发行股票进行融资更是难。以发行条件最低的创业IPO来说，相关规定对盈利能力的要求是最近两年连续盈利，

最近两年净利润累计不少于1000万元或者最近一年盈利，且净利润不少于500万元，最近一年营业收入不少于5000万元，更不用提相关要求更高的主板和中小板了。况且，中小企业不仅满足不了相关条件，在上市过程中高昂的发行费用以及漫长的等待时间也是中小企业难以承受的。最后一条途径是发债券，在中国市场上，发行债券也面临着与借贷和发行股票相同的问题。一方面债券市场门槛高，在两家股票交易所发债要求净资产不低于人民币3000万元，有限责任公司的净资产不低于人民币6000万元，另一方面中小企业存续时间短，信誉低，即使能发行债券，愿意购买的投资者也必然寥寥无几。《人民日报》在2013年8月27日的报道并非个例：

“我们小企业和银行打交道不容易，也不想挤这个融资‘独木桥’，所以一直想尝试新的融资渠道。可是，在现实中碰几次壁才明白，那些融资方式有时比跑银行要贷款还难，麻烦事更多。”辽宁某高科技电子产品及软件开发公司的负责人黄鑫告诉记者。

…………

去年8月，他的公司要投资一款新型产品，急需融资200万元。他从去年8月底到今年初，先后跑了4家银行、5家担保公司却一无所获。今年5月，他向一个朋友求助后才终于让新产品研发成功。

黄鑫告诉记者，虽然他的产品很有市场，但由于公司只有一层办公楼，没有其他的固定资产可以抵押，因此银行和担保机构、贷款公司都不愿提供融资和担保。

“是否考虑过引入创投的资金呢?”记者问。

“当然想过。但创投资金的‘眼界’高，对项目很挑剔，喜欢盯着那些有上市前景的公司。我们的发展前景也不错，但离上市还很遥远。”黄鑫无奈地说。

黄鑫告诉记者，目前企业获得创投支持的覆盖面总体较小，

"只有极少一部分企业有机会获得创投青睐。没有丰厚的回报，这些公司是不会投资的。"

…………

对于发行企业债券，黄鑫有着自己的看法："我们也打听过，但发债券门槛实在太高，想都不敢想了。现在发公司债券的只能是上市公司，有资格发企业债券的都是大企业，小企业对于发债券只能望而兴叹了。"

除了融资难，我国中小企业的税负是比较重的。我国中小企业税收占销售收入的负担率为6.81%，高于全国各类企业6.65%的平均水平；税收占资产总额的负担率为4.9%，高于全国1.91%的平均水平；税收占利润的119.6%，高于全国99.9%的平均水平。目前，我国仅在增值税和所得税方面制定了一些针对中小企业的税收优惠政策，而且优惠力度小、优惠条件高，使得这些优惠政策很难达到扶持中小企业的效果。

三　中小企业股份转让系统，打造中国的纳斯达克

《中共中央关于全面深化改革若干重大问题决定》中提出，要健全多层次资本市场体系，大力改善科技型中小企业融资条件。中小企业股份转让系统就是众多措施之一。对于很多人来说，中小企业股份转让系统是一个陌生的词汇。全国中小企业股份转让系统是由国务院批准设立的全国证券交易场所，其运营管理机构以有限责任公司形式设立，为非上市股份公司股份的公开转让、融资、并购等相关业务提供服务。全国中小企业股份转让系统有限公司正式运营后将承担起全国场外市场建设、发展和运营管理的职责。

这个市场至少可以在两方面对中小企业融资提供帮助。一方面，这个系统可以帮助中小企业进行股权融资。中小企业往往都是

"养在深闺人未识"，名气不足，难以引起投资人的注意，而中小企业股份转让系统为中小企业和投资人提供了一个认识彼此的地方，好的中小企业可以更容易获得投资者的青睐。另一方面，这个系统使中小企业更为规范，使中小企业向银行借款更为容易。不是中小企业想在中小企业股份转让系统挂牌就能挂牌的。中小企业股份转让系统虽然没有对业绩等提出要求，但对公司的结构、合法、合规以及财务等都有严格的要求，中小企业要想在中小企业股份转让系统挂牌必须符合这些要求。因此在中小企业股份转让系统挂牌等于中小企业接受了一次规范化经营的洗礼，银行当然更愿意向这些企业贷款。

通过股份转让系统解决中小企业融资难的问题，国外有一个非常成功的案例，这就是纳斯达克。纳斯达克指的是美国的全国证券业协会行情自动传报系统。20 世纪 60 年代，美国全国证券交易商协会为了解决中小企业融资难的问题创建了纳斯达克，专注于收集和发布场外交易的非上市股票的券商报价。和讯网在 2010 年 1 月 7 日报道：

纳斯达克 OMX 集团高管今天宣布，2009 年在纳斯达克证券交易所上市的中国公司达到创纪录的 33 家，名列美国各证券交易所之首。目前共有 124 家中国公司在纳斯达克交易所上市，其中 102 家来自大陆，22 家来自中国台湾、中国香港和中国澳门。日前纳斯达克庆贺了第 100 家中国大陆企业——中国诺康生物制药有限责任公司（NKBP）登陆纳斯达克，这家医药保健公司是中国领先的生产治疗血液和心脑血管疾病的生物制药公司。

自 1971 年 2 月 8 日纳斯达克系统正式启动以来，因其宽松的上市条件和快捷的电子报价系统，受到新兴中小企业尤其是高科技企业的欢迎，被人们称为高科技公司的孵化器。其中最广为人知的当属微软。1986 年，微软在纳斯达克上市，公司上市时资产仅 200

万美元，刚刚达到纳斯达克上市门槛，而现在微软已经成为当时全球最大的企业之一。微软并非孤例，随后的英特尔、思科、苹果、戴尔等都是从纳斯达克成长起来国际巨人。

四 中小企业和银行：互助的救赎

中小企业和银行，特别是大型国有银行似乎天生是一对冤家。中小企业抱怨，银行不给贷款，银行抱怨中小企业信誉低，利润薄，难以管理。然而，从长远来看，这一对冤家不仅不可能远离对方，而且很有可能是对方的救星。

无论中小企业如何抱怨，银行仍然是解决中小企业融资的主力军。银行是中国最大的金融体系，银行的资金量几乎是证券行业、保险行业和基金行业总和的数倍。根据前几年的数据，中小企业通过股市债市以及信托等方式融到的资金仍然只是银行贷款的 1/10 不到。同时，相对于其他融资方式，银行融资对中小企业来说最为方便，成本最低。无论是股市上市融资还是债市发债融资，对于中小企业来说都太过专业，中介费用也让中小企业难以接受。

另外，随着中国利率市场化扩大至存贷款，中国银行业依靠利差坐地收钱的时代即将成为历史，中小企业势必成为银行的下一个最重要的利润增长点。现在注重中小企业的银行，如民生银行、平安银行都得到了相当的经济回报，以后忽略中小企业的银行势必会在竞争中处于劣势。郎咸平先生在《让人头疼的热点》中讲述的案例并非孤例：

浙江台州有 3 家民营的一级法人银行，分别是台州市商业银行、浙江泰隆商业银行和浙江民泰商业银行。在台州，当地的大企业和大客户都被国有商业银行拿去了，但是这 3 家民营银行还是能活得非常好，因为它们把服务对象锁定在了中小工商户身上。给各位看一组数据，台州商业银行2011年的年报显示，它最大一单客户的贷款余额是9000万元，和国有银行动不动就几亿元甚至几十亿元的贷款、授信额度相比差远了；另外，它最大的10家客户的贷款余额合计是5.26亿元，占贷款总额的1.49%；那么授信余额在500万元以下的小微企业呢？它们的贷款余额占比高达80%。

这3家银行是如何跟这么多小企业打交道的呢？我举个例子好了，我们的中小商户都习惯现金交易，而且非常辛苦，通常要忙到晚上六七点钟，这个时候的国有银行早就关大门了，这些小工商户没法把一天赚到的钱存进去。那么这3家民营银行就说了，把钱存到我这儿吧，我们把营业时间调整到晚上7点半，而且遇到你们忙的季节，我们就晚上九十点钟再关门。……我再举个例子，我们的小工商户刚刚开始创业的时候，基本没什么钱的，他去银行贷款，也没有什么值钱的抵押物。那台州的民营银行就说了，我们可以提供无抵押贷款。从资料上看，这几家民营银行的贷款里95%都是无抵押贷款。但让人惊喜的是，贷款不良率只有1%。

台州银行是一个非常好的例子。实际上，中小企业和商业银行不是天然就会对立的，找到好的方法、好的制度，允许商业银行挖掘市场潜力，必然会找到中小企业和商业银行两者利益的最大公倍数。

第十二章　产能过剩

第一，积极稳妥化解产能过剩。要按照企业主体、政府推动、市场引导、依法处置的办法，研究制定全面配套的政策体系，因地制宜、分类有序处置，妥善处理保持社会稳定和推进结构性改革的关系。要依法为实施市场化破产程序创造条件，加快破产清算案件审理。要提出和落实财税支持、不良资产处置、失业人员再就业和生活保障以及专项奖补等政策，资本市场要配合企业兼并重组。要尽可能多兼并重组、少破产清算，做好职工安置工作。要严格控制增量，防止新的产能过剩。

——2015 年 12 月　中央经济工作会议

【导读】

谁都想不到，30 年前几乎所有商品都短缺的中国，30 年后会被产能过剩困扰。近 10 年里，中国如同患上了“产能过剩”这种缠绵不愈的痼疾，从钢铁到光伏硅板，从水泥到风力发电，无一不存在让人头痛的巨额产能过剩。仔细观察，我们可以发现这些行业都存在着同一个特点——国家调控。

从十几年前这些行业出现产能过剩的苗头起，政府就打着抑制“产能过剩”的旗号进行了多轮调控。然而，在严厉的警告、严格的审批以及多次“初见成效”的表态后，产能过剩却越来越严重。

事实证明，想用行政手段来解决产能过剩的问题，不仅越调控越过剩，还会把经济结构逐步拉向畸形。那么该怎么办呢？唯有市场，让市场真正发挥矫正和调节作用。

一 产能过剩有多严重

我国的产能过剩到底有多严重？只能说严重到怎么形容都不过分的地步了。让我们看看几个典型样本。

样本一：2015 年，粗钢产能接近 12 亿吨，过剩产能 3.9 亿吨，接近 30%。在过剩产能的挤压下，从 2011 年 8 月到 2015 年年底，钢价下跌了 60%，国产铁矿石价格指数下跌了 70%，钢铁行业陷入全行业亏损。

样本二：截至 2015 年年底，电解铝的产能为 3700 万吨，过剩产能 500 万吨，超过 10%，铝价从 4 年前的高峰跌去一半，全行业亏损运行多年。

样本三：平板玻璃，全国产能 10.9 亿重量箱，过剩产能 3.5 亿重量箱，超过 30%。平板玻璃价格从 2013 年 10 月到 2015 年年底跌去 1/5，数家大型玻璃厂已经宣布倒闭。

样本四：水泥孰料产能 18 亿吨，过剩产能 4.7 亿吨，接近 1/4。过去 4 年里，水泥熟料的价格跌去 42%。

这实际上只是我国产能过剩的冰山一角，除了这四个行业以外，焦炭、冶炼铜，等等，都存在着严重的产能过剩。

“产能过剩”不就是多生产了一点吗？不就是生产能力多一点吗？问题真的这么简单吗？恐怕不是。每一个行业都不是单独自成一系，都是经济链条中的一环，牵涉到数以万计的工人，数以十万计的股民和数以百亿计的贷款。一旦一个行业产能过剩压垮行业中的企业，整个经济都会感到寒意扑面。国务院发展研究中心主任李伟提出，这一轮“产能过剩”的范围和程度更大，可能引发的系统性风险更高。这个问题如果解决不好，将会困扰我国经济若干年。让我们看看前面样本里的几个行业现在有多惨：

钢铁行业：2015 年 1—9 月，大中型钢铁企业实现销售收入 2.24 万亿元，同比下降 19.26%；实现利润总额为亏损 281.22 亿元，而主营业务亏损 552.71 亿元。钢铁业总负债超过 3 万亿元，钢铁企业平均资产负债率在 70%左右，八一钢铁甚至出现了负债率达 100%的情况。煤炭：2015 年上半年，全国大中型煤炭企业亏损面已达 70%以上，黑、吉、辽、冀、鲁、皖等省份煤炭行业整体亏损。截至 6 月底，山西煤炭行业连续 12 个月亏损。前 7 个月，山西产煤 5.31 亿吨，亏损 71 亿元；吨煤利润从 2014 年的“不到一瓶矿泉水”跌到“挖一吨煤亏十元”。

光电行业：光电行业的凄惨程度从这个行业的两大龙头——无锡尚德和江西赛维的悲惨遭遇可窥一斑。2012 年 3 月 20 日，无锡市中级人民法院依据《破产法》裁定，对无锡尚德太阳能电力有限公司实施破产重整。截至 2012 年 2 月底，9 家债权银行对无锡尚德的本外币授信余额已达到 71 亿元。江西赛维在 2013 年上半年违约 1655 万美元的债券，与债权人达成协议分期付款和贷款方式延期支付。

风电行业：风电行业的惨象则要看行业龙头——华锐风电的股价。2011 年 1 月 13 日，华锐风电正式登陆 A 股，发行价格为 90 元每股，按照 90 元每股的价格计算，彼时，华锐风电的总市值为 904.59 亿元。而到了 2016 年 2 月 15 日收盘，其股价则为 2.97 元每股，复权后的价格则为 19.52 元每股，总市值已经缩水至 187 亿元，短短两年间 718 亿元的市值已经灰飞烟灭。

二 中央政府和地方政府的拧巴

实际上，中国对产能过剩问题的认识还是很清醒的。早在2005年，有关部门就提出钢铁行业出现产能过剩的问题。2008年《经济观察报》就大篇幅报道过有关光伏产业产能过剩的问题。而且，政府对产能过剩问题也非常警惕，近年来，几乎每年政府都要出台抑制产能过剩的政策。

以钢铁行业为例，2006年国家发改委已制定了“十一五”期间钢铁行业淘汰落后产能的方案，对外公布列入2006年淘汰的200m^3及以下小高炉的具体数量和措施；2007年国家发改委与河北、山西、河南、山东等10个省（区、市）签订协议，要求这些地方在5年内关停和减少过剩炼铁产能3986万吨、炼钢产能4167万吨；2009年国务院发布《关于抑制部分过剩和重复建设引导产业健康发展的若干意见》规定，不再核准和支持单纯新建、扩建产能的钢铁项目；严禁各地借等量淘汰落后产能之名自行建设钢铁项目；2010年工业和信息化部下达18个行业淘汰落后产能的目标任务，钢铁行业赫然在列；2011年，10个部委“组合政策”，突出差别电价、能源消耗总量限制、问责制等对企业投资和生产的约束作用，抑制“两高”和产能过剩行业盲目扩张，钢铁又一次名列前茅。

然而，为什么在国家高度重视，抑制政策一个接着一个的情况下，产能过剩变得愈发严重了呢？中国有句古话叫“成也萧何，败也萧何”。借用这句话，中国的产能过剩“抑也政府，扬也政府”。在中央政府抑制产能过剩的同时，地方政府却在地方利益的驱使下鼓励相关产业的发展。

产能过剩的行业一般都是重工业企业。这些企业有一个共同的特点，就是对地方的GDP拉动巨大，同时也能带来巨额的财税利益。为了“政绩”和地方财政，地方政府往往给这些企业相当的政策优惠，如低廉的土地价格，相关税收的减免，以及必要时候的财政补贴。以钢铁为例，中央政府在数年里花大力气抑制产能过剩，但地方政府仍然积极争取落地钢铁项目，湛江的地方领导甚至亲吻同意建立钢铁厂的批文。2012 年 5 月 29 日，湛江新闻网的报道可谓形象生动：

“钢铁项目之所以来得如此艰难，是在于国家大力调整产业结构、淘汰落后产能，省大力转变经济发展方式、实施‘双转移’战略的大背景下取得的，来之不易。我们要无比珍惜，湛江的钢铁梦一定可以写在大地上。”市长王中丙眼眶发红，几度哽咽。从 2007 年在省发改委工作开始，王中丙就一直常年为这个项目奔波，拿到批文的那一刻，他立即发短信将这个令人振奋的好消息，告诉全市所有为钢铁项目工作的领导干部，并多次深深亲吻这份还散着墨香的核准批文。

不只是钢铁行业，每一个产能过剩的行业背后一定有着政府的力量。试想一下，企业都是市场经济条件下自负盈亏的经济主体，怎么会进入一个供过于求、利润微薄的行业呢？而且，企业的经济资源毕竟是非常有限的，在供过于求的行业里，企业的资源会被迅速耗尽，从而退出市场，减少产能，市场恢复到供求平衡的状态。只有政府不停地为其输血，维持着经营生存，行业才能长期过剩下去。以光伏行业为例，龙头企业无锡尚德和江西赛维都与当地政府有着千丝万缕的联系。光伏行业最能体现政府在其中的作用。《中国经营报》2012 年 7 月 7 日曾做过专门报道：

2000 年，施正荣带着技术和在澳洲两年的薪水 40 万美元，回到江苏省无锡市准备创办太阳能公司，但缺少资金。为此在无锡政府的支持下，拥有国资背景的无锡当地知名企业纷纷出手相助，这其中包括了小天鹅集团、无锡高新技术风险投资公司、山禾制药等 8 家国企，施正荣共融资 600 万美元。之后他则以 40 万美元现金和价值160万美元的技术参股，成立了无锡尚德太阳能电力有限公司。2005年，尚德在美国上市，占股75%的国资全盘退出。

…………

当时把赛维建在江西省新余，也同样得到了地方政府的全力支持，当时，彭小峰设立赛维面临融资困境，财政年收入仅为18亿元的新余市就给彭小峰提供了2亿元的贷款作为项目启动资金。

…………

尚德与赛维的成功，让地方政府看到了光伏造富的机会与美好的前景，各地开始纷纷仿效上马光伏产业。江苏、河北、浙江、河南、安徽等多地政府都在力推光伏，全国建立了几十个光伏产业园，在政府的推动下，一些地方老牌企业和上市公司也开始纷纷转型光伏制造，整个行业一片热浪滚滚。

虽然很多人说，没有政府参与，尚德和赛维不会有这么快的发展，但是同样，如果没有政府参与，现在光伏行业何至于如此惨淡。小时候我们看揠苗助长的故事，都觉得农夫太蠢，看看无锡尚德和江西赛维的事情，这些地方政府又何尝不是在做和农夫同样的事情。企业有它自己的发展规律，政府有一些方法可以帮助企业快速发展，但如果采用超大量的贷款、摊大饼的方式，最终企业的发展会受到伤害。

三　市场的优胜劣汰>行政的铁腕关停

深化投资体制改革，确立企业投资主体地位。……一律由企业依法依规自主决策，政府不再审批。……建立健全防范和化解产能过剩长效机制。

——《中共中央关于全面深化改革若干重大问题的决定》

无论是中央各部委抑制产能的调节政策，还是地方政府扩大产能的扶植政策，实际上都是出自同样的理念：政府可以取代市场、政府可以干预微观经济、政府可以调节资源配置。也正是这样的理念，使得产能过剩问题越来越严重。真正的出路在哪里？李克强总理告诉我们，真正的出路在市场化。

“钢铁、水泥等行业上项目都是需要审批的，但多年来恰恰没有管住管好，以致造成产能严重过剩。相比之下，家电、服装等行业早已走上市场化轨道，不用政府审批，靠市场优胜劣汰，没有严重的产能过剩问题。这说明，该审批的审批不严格、执行不到位的，费力办了事而又事与愿违，还不如已放给市场的。这确实值得我们深思、反思。”2013 年 5 月 23 日，李克强总理在机构职能转变动员电视电话会上如是表示。

为什么市场会更好地解决产能过剩问题呢？这要看看市场的两大法宝：价格和竞争。

价格被称为市场经济的信号灯，是市场各微观主体做出任何经济决策的最重要的依据。企业会争先恐后地挤入价格高利润高的行业，也会争先恐后地退出价格低利润的行业。产能过剩的行业价格会被压到极低，以光伏元件为例，现在的价格不过是数年前的1/3。在这样的价格下，新的企业不会进入，旧的企业会想办法退出，产能过剩自然会解决掉。与此形成鲜明对比的是政府决策是否进入一个行业。政府更多地考虑的是自己的 GDP，自己的税收，而对价格信号根本不会敏感。这一点钢铁行业最明显，如前面湛江案例，在钢铁行业利润已经非常微薄的行情下，地方政府还是想通过各种各样的优惠措施吸引钢铁企业落户增加产能。

市场的第二个法宝就是竞争。市场经济条件下，各个企业进行着激烈的竞争，优胜劣汰。产能过剩中，产品价格低利润薄，竞争最为残酷。技术落后、管理不善的企业都会在竞争中失败，从而减少产能，实现供求平衡。然而，这一过程在政府干预下变得不那么有效率。各个地方政府为了自己的GDP，就业率和财政收入，往往不希望自己辖区内的大企业倒闭。实际操作中，常常给竞争失败的企业财政补贴，或者优惠的贷款，使失败者也不会被市场淘汰掉。《国际金融报》2012年10月24日报道：

10月22日开盘之前，赛维LDK发布公告称，公司已在10月19日与江西恒瑞新能源有限公司（下称“恒瑞”）签署了股权购买协议。据该协议，恒瑞同意购买赛维发行在外股本的约19.9%股份，购买价为每股0.86美元，并受限于股权购买协议的条款和条件，包括180天的锁定期。

…………

值得注意的是，恒瑞是由北京恒基伟业投资发展有限公司（下称恒基伟业）与江西新余市国有资产经营有限责任公司共同投资，股比为6∶4。

…………

此次，恒瑞的入股已经是新余市政府今年以来第三次对赛维伸出援手。今年四五月份，赛维就以硅片、组件等产品抵押给政府，以获近亿元资金，解了燃眉之急；7月12日，新余市政府会议决定，将赛维偿还信托贷款的5亿元缺口资金，纳入年度财政预算。

在价格和竞争的作用下，没有企业会进入价格很低、没有利润、竞争又极为激烈的行业，而只会从这些行业中退出。如果企业违背经济规律或者预测错误，那么必然会受到市场的惩罚。因此，市场化条件下，产能过剩的可能性大大降低。

四 面对产能过剩，中央、地方、企业各该怎么办

中国产能过剩的问题究其根本，在于体制问题，需要各方，包括中央政府、地方政府和企业多方的努力。

首先，中央部委应该转变调控模式，从干预微观经济主体的运营，转向真正的宏观调控。我国中央部委对经济的调控很大程度上是通过干预微观经济主体的决策来进行的。一项投资决策往往要经过数个部委的审批。这些审批往往很不透明，具体过程中留下了很大的自由裁量权。为了获得审批，企业不得不花费精力疏通各种关系，最终企业发现，拉上地方政府，靠地方政府官员游说中央部委是最简单明了的方式。结果是，审批从企业资质能力的竞争变成政府关系的较量。中央部委应该按照李克强总理的要求，转变职能，尽可能少地干预微观经济，制定出一视同仁的宏观经济调控政策。同时，中央政府也需要关注关停企业职工的生活问题，基本的生活保障、再就业技能培训和到经济发达地区谋生的迁徙自由都是中央政府需要统筹考虑的问题。2013 年 7 月 9 日《每日经济新闻》报道：

国家发改委、工信部 5 月份就下发了《关于坚决遏制产能严重过剩行业盲目扩张的通知》，指出两部委正在研究制定《化解产能过剩矛盾总体方案》（以下简称《方案》），要求各地对钢铁、水泥、平板玻璃、船舶等过剩行业的违规产能检查、清理，并在 6 月底前上报汇总。

…………

但据《每日经济新闻》记者了解，由于牵涉到地方政府、行业、企业等各方利益，上述《方案》在细化过程中受到了很多干扰。有权威人士透露，有不少地方政府要员跑到发改委“求情”，希望能区别对待。

地方政府则应该回归政府本身职能，从经营型政府转变为服务型政府，推动经济发展的方式也应该从以优惠政策直接推动企业发展转变到建设良好的经营环境上来。中国现在的地方政府都更像是经营型的政府，注重的是 GDP 增速、财政税收的大小等经济指标。根据国外经验，现在政府的定位更多的是注重维持社会公正和保证人民获得更好的生活。现在中国的地方政府离这一目标还有不少距离。另外，中国地方政府推动地方经济发展的方式也比较落后，多数是以优惠的税收政策和低廉的土地价格招商引资，或通过政府向银行施加压力直接向企业贷款。政府应该更多地转变到以创建良好的经营环境来吸引投资。中国社会科学院经济学部委员张晓晶在《化解产能过剩更要注重供给管理》一文中写道：

一方面，要减少政府干预，使市场在资源配置中起决定性作用。政府不合理的干预主要表现在对产业发展进行指导，选择市场中的赢家进行扶持。尽管我们并不否定产业政策的作用，但政府掌握和处理信息的能力是有限的，今后应更多依靠市场来发现和选择赢家。也就是说，要慎用产业政策，减少和慎用审批管理，同时管住地方政府的投资冲动，不要鼓励发展什么产业就搞土地零地价、税收优惠、电价优惠等政策，这会扭曲市场，推动投资的潮涌现象，易于形成产能过剩。

企业要放弃对政府的依赖，回归到商业本质。中国的企业对政府有着不同寻常的依赖。在创建企业的时候希望政府给优惠条件，运营过程中希望政府保护，遇到风吹草动则希望政府注资，政府帮助找贷款。殊不知，政府帮的可能是倒忙。商业经营是量力而行，政府希望的是高大全，高新技术，大规模，全产业链。这对一家企业很可能是场灾难。2012 年 7 月 7 日《中国经营报》曾刊文：

一位江苏的国有空调企业就向记者表示，他们在经营遇到困难时曾向政府要求救助，但政府相关负责人却表示，空调属落后产业，无法进行拨款，并建议该企业朝光伏产业转型，而后该企业增加了光伏业务，果然顺利获得贷款，但此后由于缺乏光伏生产技术和经验，该公司产品滞销严重，公司反而陷入亏损泥潭。

捷径往往是最远的路。这句话非常适合企业。当企业把做大做强的希望寄托在政府身上的时候，这个希望本身就很渺茫了。“找市场而不是找市长”是企业最应该学会的东西。市长有自己的目标，未必和企业是一致的，当企业依赖地方政府时，其运行势必纳入政府的轨道中，成败由人不由己。

第四篇

惠民生：

保护和共享社会经济发展果实

第十三章 公共服务

要创新公共服务提供方式。加强社会管理和公共服务，是政府的重要职责。在经济领域简政放权的同时，我们为人民群众提供优质公共服务的职责必须加强。……要把政府的工作重点放到“保基本”上来，加快织就织好一张覆盖全民的社会保障“安全网”，特别是“补短板”、“兜底线”，为人民基本生活提供保障。同时，在非基本的公共服务领域，要更多更好发挥市场和社会的作用。

——2013 年 5 月 13 日　李克强总理在国务院机构职能转变动员电视电话会议上的讲话

【导读】

公共服务因为其“非竞争性”和“非排他性”，成为政府的基本职责之一。然而，是否在公共服务领域，市场就完全没有发挥作用的余地呢？可能并非如此。公共服务之间存在着“基本”和“非基本”之分，在非基本的公共服务领域，市场完全可以发挥作用。认识到这一点，将有助于我国公共服务体系的健全和完善。

正如李克强总理所说，我国目前公共“服务则存在短缺问题”。因此，在全面深化改革的新时期，建设服务型政府除了基于公民本位、社会本位理念，在社会民主秩序的架构中，根据市场经济发展的实际需要，把政府定位于公共服务者的角色，运用法定权力，动员一切力量为全社会提供优质高效公共服务产品之外，还要将建设服务型政府和市场相协调，尽可能快地提高我国公共服务的数量和质量。如此，与公共服务领域相关的企业或许可以迎来一次发展的大好机会。

一 公共服务，政府的天职，但不是市场的禁区

所谓“公共服务"，就是为国民提供公共物品的服务，是国家用以解决公共问题，维护社会经济秩序的主要手段，同时作为一种特定资源配置，其基本目的是解决每一独立市场主体所不能单独解决的诸多公共问题。

我们知道，很多服务是个人可以购买的，比如说理发，当我想理发的时候到理发店花个几块钱或几十块钱把头发打理一下。为什么非要让政府来提供一些服务呢？因为有些服务很特别。比如说国防。每一个人都需要国防这种服务，否则的话不知道哪天就有外敌入侵，我们的脑袋就莫名其妙地掉了。然而，我们是不是可以自己购买一点国防服务来自己用呢？好像不行。当然，这并非是买不起，虽然国防开销很大，但是均摊到每个人身上也就不多了。真要是不均摊，其实你连理发也理不起啊。真正的原因在于，一个人消费了国防这种服务，并不耽误另外的人消费。理发师给你理发了就不能给我理发，但国防保护我的同时也能保护你；另外，假如一部分人支付了国防费用，并不能把另外一部分没花钱的人排除掉。总不能花钱的人在国内待着，没花钱的人就撵出去吧？

上面这个例子就是概括了公共服务的两个特点：非竞争性和非排他性。

非竞争性。一部分人对某一产品的消费不会影响另一些人对该产品的消费，一些人从这一产品中受益不会影响其他人从这一产品中受益，受益对象之间不存在利益冲突。例如国防保护了所有公民，其费用以及每一公民从中获得的好处不会因为多生一个小孩或出国一个人而发生变化。

非排他性。非排他性指产品在消费过程中所产生的利益不能为某个人或某些人所专有，要将一些人排斥在消费过程之外，不让他们享受这一产品的利益是不可能的。例如，消除空气中的污染是一项能为人们带来好处的服务，它使所有人能够生活在新鲜的空气中，要让某些人不能享受到新鲜空气的好处是不可能的。

因为这两个特点，个人购买就无法保证公共服务的供应了。每个人都是要根据自己的需求来购买服务的。如果知道别人花钱了自己也能享受，谁不“搭便车”呢？人人“搭便车”，最后的结果就是人人都搭不到——没人付费。因此，公共服务被认为是政府的天职。

公共服务是市场的禁区吗？这个问题问得好像很莫名其妙。前面刚大篇幅地阐述了公共服务是政府的天职，那岂能不是市场的禁区？其实不是。

这个世界其实没有什么是绝对的，不是非此即彼的关系，不是要么是公共服务，要么是私人服务。在公共服务中有很大一部分是准公共服务，对于这部分公共服务，如果处理得当，市场是可以发挥很大作用的。即使是完全的公共服务，也可以由政府作为买家，由市场发挥基础性作用。

刚才我们以理发说明了什么是私人服务，以国防说明了什么是公共服务。那么是不是除了私人服务就是公共服务？

举个例子，公路。公路是公共服务还是私人服务呢？我们来拿“非竞争性”和“非排他性”衡量一下高速公路。公路是非竞争的吗？一辆车在公路上行驶影不影响另外一辆车的行驶呢？乍一看，肯定不影响啊。公路上每时每刻都有无数辆车在行驶，你走一个车道，我走一个车道，怎么可能受影响呢？这个回答可能是太片面了。车少的时候确实如此，增加一辆车并不会产生什么大的影响。从一辆车变成两辆车，每辆车都可以畅通无阻。但是一辆车一辆车的往上加，从质变到量变，加多了以后，恐怕就不是这样了。想想十一长假无数辆汽车在高速公路上拥堵的样子吧。

那公路具有非排他性吗？乍一看，也是不具有排他性的。想想我们小时候的省道国道、路两边无数条乡间小路的分支，汽车通过每一个小路都可以上公路，因此公路也不具有排他性。但是，看看现在的高速公路，路两边用钢丝围栏拦上。几十公里一个收费站，不出钱绝对不允许上高速公路，这就排他了吧。

这就是市场在“准公共服务”上的作用。那么对于纯粹的“公共服务”，市场能不能起到作用呢？上面分析了，国防算是一种典型的“纯粹公共服务”，那么市场在国防方面有没有作用呢？当然也有。虽然我们不能对每个人按照国防需求收费，比如安全感高的人收费低一些，安全感低的人收费高一些，但是可以在提供这种服务的时候用市场化的方式。当国防需要武器时，不是利用财政资金自己建立兵工厂，而是通过政府采购的形式购买商业化运营的公司的产品；当需要一种高精尖技术时，不是用财政资金开发，而是通过招标的形式资助相应的企业开发。

二　推进公共服务，市场比政府更有效

大家看了前面的分析，大概明白了很多公共服务政府能提供，市场也能提供，那么应该由谁来提供呢？大家的一个共识是，市场远比政府有效。

市场由供需决定生产和消费，当价格高的时候企业一定会增加供给，当价格低的时候企业一定会减少供给。再看看政府，光调研就不知道会有多长时间，调研结束以后部门之间的推诿扯皮又不知道有多久。

看看准公共物品高速公路，就知道市场的作用有多大。虽然公路收费让很多人都觉得很受伤、很吃亏，但是正是收费模式让高速公路有了大发展。想想 20 多年前，中国的道路多么糟糕，喊了很多年的口号“要想富，先修路”，但是路始终修不起来。为什么？因为没有动力。政府投资财政，一分钱都收不回来，民间资金更是不会介入。最近十几年，高速公路收费模式兴起以后，高速公路的发展就快很多了。所有人都明白投资有回报。地方政府知道财政投资不是提供免费餐了，民间投资也明白公路投资不是免费的“捐税”。大家的积极性一起来，修路才会快。在准公共物品上，交给政府不如交给市场，那么在纯粹的公共物品上，市场和政府谁有效率呢？2014 年 9 月 5 日《人民日报》报道：

20 世纪 70 年代末，英国率先推进公共服务改革。英国首相撒切尔夫人在短时间内推进了包括公共服务提供机制改革在内的一系列措施，在供气、供水、供电等领域引入私营企业。其继任者都延续了这一体现顾客导向和改善服务的改革取向。梅杰政府于 1991 年、1992 年分别提出“公民宪章”“为质量而竞争”的政策文件；布莱尔政府和卡梅伦政府也先后于 1998 年和 2011 年分别推出《政府和志愿及社会部门关系的协议》和《开放的公共服务白皮书》。这些政策措施旨在让提供公共服务的公共部门接受市场检验，使公共部门之间、私营部门之间以及公共部门与私营部门之间为公共物品和服务的提供展开竞争，尤其是通过公开投标赢得竞争并提供优质服务。

通过这些政策措施，英国政府以合同出租、公私合作、用者付费等方式，逐步将市场化引入公共服务改革中，减少福利项目，降低补助标准。同时在地方政府公共服务改革中引入市场机制，建立政府部门与私营企业之间的伙伴关系，推进公共服务社区化。通过这些市场化措施，把城市基础设施、邮电通讯、自来水供应、交通、医院、治安等公共事务推向市场，取得了巨大成效。

我们知道苏联和美国曾经是世界的两个超级大国。两个国家正好处于两个极端。苏联是在革命成功之后，建立起计划经济体制，所有的经济活动都由政府指挥。作为纯粹的公共服务，公共服务中的公共服务——国防，更是完全掌握在苏联政府手里。在苏联，武器设计由政府所属的各个“设计局”承担，如著名的“苏霍伊”飞机设计局、“米格”飞机设计局。这些局本身就是政府的一部分，政府下达行政命令规定设计任务，政府提供所需经费资源。设计出来的武器则交由国有兵工企业负责批量生产，这些兵工企业的管理层由政府任命，管理绩效不以利润而以是否完成国家规定任务衡量，实际上和政府机关没有区别。美国则正好相反，美国的国防工业完全交给私营经济。美国的武器从设计到生产都是由私营企业承担，美国政府只作为消费者关注武器的性能和成本。实际上在强大的私有经济氛围下，美国政府即使希望也不可能建立起国有化的国防工业。最终的结果一目了然。美国的国防实力在可持续发展上完胜苏联。

三　三大分工：百姓点菜，政府埋单，企业生产

我们国家目前在公共服务的供给上还存在着严重的短缺。相对于人们日益增长的需求，就更显得捉襟见肘。以教育为例。2005年我国财政性教育经费占国内生产总值的比例为2.17%，而1994年该比例世界平均水平为4.9%，1995年为5.2%，2000年约6%。

如何才能破解我国公共服务短缺的难题？单靠政府或者市场都是很困难的，只有市场和政府的组合拳，做到“百姓点菜，政府埋单，市场生产”，才能尽可能快地解决这个难题。

首先，百姓点菜，就是由老百姓决定应该提供哪些公共服务。实际上我国的公共服务并不是绝对不足，在某些地方甚至过剩，比如说市政建设。中国现在几乎所有的城市都在拆房子，挖沟子，许多市长都被戏称为“×拆拆”“×挖挖”。市政建设也是公共服务的一部分，但这些市政建设不仅不能令百姓满意，还很招反感。“春江水暖鸭先知”，百姓自己才最知道自己需要哪些公共服务。政府多听听百姓的意见，把公共资源投入到百姓真正需要的领域，比如教育、医疗，而不仅仅是市政建设。应该注意的是，在建设政府治理能力的同时，决不能忽视民众参与水平和参与能力。政府治理能力和民众参与共同构成了国家治理体系的两大支柱。

其次，政府埋单。公共服务是政府的天职，政府理所应当应该向民生领域投入更多的资金。纳税人缴纳的税收很大程度上就是购买公共服务。中国居民实际上承担了高额税负，按照《福布斯》“税负痛苦指数”排行，中国人的税负负担为全球第二，但高额的税负主要花在了政府行政开支和少数人的享乐上，没有带来高质量高数量的公共服务。2006 年《学习时报》曾刊文指出，2006 年我国公车以及公款吃喝支出达到 6000 亿元人民币以上，占财政收入 20%以上，几乎和教育、卫生和科研支出总和相等。最近几年，财政支出向公共服务上倾斜，民生支出明显加大，但我国公共服务领域底子薄，历史欠账多，短时间内财政支出的增加难以达到提高公共服务数量和质量的目的。2013 年 10 月，国务院发布《关于政府向社会力量购买服务的指导意见》，明确提出要加大对公共服务的购买力度，表明未来相当长的一段时间里，财政支出向公共服务倾斜的趋势会继续延续甚至加强。《中国经济导报》2012 年 7 月 24

日曾经报道：

数据显示，近年来政府对公共服务的财政投入显著增加：200—2011年，新医改三年投入逾1.2万亿元，并且是在原先基础上的增量投入；2001—2010年，公共财政教育投入年均增长20.2%，高于同期财政收入年均增长幅度；“十一五”期间，各级财政对五项社保基金的补助达7219亿元，年均增长19%，其中中央财政补助年均增长20%。

最后，市场生产。“百姓点菜”“政府埋单”都很好理解，市场生产就比较超过中国人的思维了。一提到公共服务，历史惯性让中国人自然而然地想到增加实业单位和国有企业，由国家包揽公共服务的整个过程。实际上，中国目前低水平低质量的公共服务已经表明这条路是走不通的。《中共中央关于制定国民经济和社会发展第十三个五年规划的建议》中明确写道：“创新公共服务提供方式，能由政府购买服务提供的，政府不再直接承办；能由政府和社会资本合作提供的，广泛吸引社会资本参与。加快社会事业改革。”按照这个思路，财政支出向公共服务上倾斜，并不代表要回到计划经济时代的老路上，由政府囊括公共服务从生产到分配的全过程，而是发挥市场在提供公共服务方面的重要作用。2013年9月11日的《新京报》报道：

“以前在污水处理等市政基础设施领域中，本土国企占主导。政策出台后，国企民企同等待遇。”民营企业碧水源相关负责人说。

7月31日，在第五届投资北京洽谈会上，北京市发改委发布了《引进社会资本推动市政基础设施领域建设试点项目实施方案》(以下简称《方案》)，部署社会资本进入部分市政基础设施领域。

此次试点的6个市政基础设施领域，主要包括轨道交通、城市道路、综合交通枢纽、污水处理、固废处置和镇域供热。

具体来说，市场生产就是这些公共服务的生产都交给市场，公共服务不再是国有企业，不再是部分事业单位的特权。与公共服务相关的企业在同等条件下公平竞争，谁的产品物美价廉，百姓喜欢谁的产品，政府就购买谁的产品。在这种情况下，百姓的需求得到满足，企业也有利可图，增加公共服务的供给和质量，政府则避免冗员、低效率和贪腐。

四 增加公共服务供给，企业的大好良机

经过30多年的发展，中国的经济已经发展得较为充分，私人性的产品和服务市场都已经是买方市场，经济早从短缺变成了过剩。企业家们恐怕更早时候就发现这个问题，因为现在好像所有东西都不好卖了。市场下一个热点在哪里？就在公共服务领域。《中共中央关于全面深化改革若干重大问题的决定》中提出："加强中央政府宏观调控职责和能力，加强地方政府公共服务、市场监管、社会管理、环境保护等职责。推广政府购买服务，凡属事务性管理服务，原则上都要引入竞争机制，通过合同、委托等方式向社会购买"。中国的老百姓和社会对公共服务有着巨量的需求，由于种种原因政府一时间又不能提供，这就是给企业的机会。环保、教育等等都很有可能是中国下一轮的经济热点。

中国近10年的经济发展是以环境污染为代价的。华北地区连续不断的雾霾天一次次挑战着人们的底线，东南沿海河流地下水污染一次次刺激着人们的神经。人们对洁净的空气和饮用水的渴望形成了一个庞大的市场需求。据有关部门测算，仅空气污染监测仪器，市场需求就达到数十亿元人民币，更不用说用于防治空气污染的除尘器、脱硫器等等。2013年前三季度，环保股远优于大盘指数，就是这种需求的集中反映。2012年11月21日消

息：国家发展改革委员会副主任解振华21日在国务院新闻办“中国应对气候变化的政策与行动2012年度报告情况”新闻发布会上表示：

对企业来说，搞低碳技术、低碳发展，既是压力也是机遇，这可以促进企业搞技术研发，提高经济增长的质量、增加在市场的竞争力。特别是一些出口企业，现在有些国家在搞边境调节税，就是收碳税，如果我们采取了积极的低碳技术，生产的是低碳产品，其实可以来应对这种单边的绿色保护主义，这是一个积极的行动。所以，十八大政治报告里提出，要加强生态文明建设，发展绿色经济、循环经济、低碳经济。既顺应了世界发展的潮流，又符合中国国情，我们一定要把生态文明建设搞好。

虽然我国政府一直强调教育的重要性，但现实中政府的教育投入不足，中国投入教育的财政资金与GDP的比例长期低于全球平均水平，也低于发展中国家平均水平。政府投入不足给企业留下了巨大的发展空间。我国的民营资本早已进入教育领域，新东方、学而思等都是这个领域的弄潮儿。然而，目前能够得到民营资本青睐的主要是高等教育、职业教育和考试教育，实际上被忽略的中小学教育也是一个巨大的市场。以农民工子弟的基础教育为例，以目前城市捉襟见肘的教育资源，正规学校根本无完全覆盖农民工子女，农民工为子女上学不得不向公共学校缴纳高昂的额外费用。如果民营资本能够以合理费用提供高质量的中小学教育，无论是由家长自己提供购买，还是政府统一购买，都会有不菲的报酬。

政府已经看到企业在提供公共服务上的强大力量。2013年7月31日李克强总理主持召开国务院常务会议，研究推进政府向社会力量购买公共服务。会议明确，将适合市场化方式提供的公共服务事项，交由具备条件、信誉良好的社会组织、机构和企业等承担。2013 年 9 月 30 日，《国务院办公厅关于政府向社会力量购买服务的指导意见》公布，对政府购买社会服务予以指导。该《意见》指出，政府向社会力量购买服务，就是“通过发挥市场机制作用，把政府直接向社会公众提供的一部分公共服务事项，按照一定的方式和程序，交由具备条件的社会力量承担，并由政府根据服务数量和质量向其支付费用”。

第十四章　防治腐败

经验证明，腐败与政府直接参与微观经济活动有密切关系。在那些政府控制重要资源并广泛介入的领域往往会产生更多的腐败，所以在不断完善市场经济的过程中，防治腐败的利器之一是深化改革。特别是推进公共资源交易的市场化。同时以完善的市场规则和严格的法律制度来约束和规范权力运行和政治行为。

——2013 年 3 月 26 日　李克强总理在国务院第一次廉政工作会议上的讲话

减少事前审批，事中事后的监管必须跟上。我一再强调要放管结合，营造公平竞争的市场环境，创新监管方式，建立一套科学监管的规则和方法。……特别要建立健全科学的抽查机制、责任追溯制度，规范自由裁量权，防止缺位失位或选择性监管，堵塞缝隙和漏洞。这不仅可以使监管更有效率、更加公平，也可以有效抑制腐败。

——2014 年 2 月 11 日　李克强总理在国务院第二次廉政工作会议上的讲话

简政放权是释放市场潜力的关键之举，也是反腐败的治本之策。……权力集中的地方往往腐败多发，从去年审计发现的重大违法违规案件线索看，60％以上发生在行政管理权或审批权集中、掌握重要国有资产资源的部门和单位。权力过多又缺乏监督是滋

生腐败的温床，治腐需治权。从这个意义上说，简政放权具有激活力、推发展、促廉政、反腐败的“一举多得”之效。

——2015年2月9日 李克强总理在国务院第三次廉政工作会议上的讲话

【导读】

腐败祸国殃民，毒害社会，已经是全世界的共识，中国对此更是有深刻认识。有人称，《二十四史》大体就是二十四个腐败如何亡国的故事。然而，虽然整个社会都认识到腐败的危害，政府也付出了巨大的努力，先后成立了纪律检查委员会、反贪局、监察局和预防腐败局，但总体上腐败问题没有得到根治，腐败向各个层次渗透，成为中国社会的一大痼疾。李光耀说：“中国领导人最大的担忧就是贪腐的腐蚀作用以及贪腐在公民中激发的反感。他们从来都不确定它什么时候会崩溃。”

习近平总书记在2015年3月9日参加十二届全国人大三次会议吉林代表团审议时谈到“政治生态”问题，“要着力净化政治生态，营造廉洁从政良好环境”。李克强总理在连续三次国务院廉政工作会议上讲出了自已解决这一问题的思路：深化改革，减少政府对微观经济活动的干预。过去我国反腐的主要思路是处罚，而李克强总理总结过去的思路之后更进一步，直指腐败的根源——干预微观经济的权力。这种思路对腐败有釜底抽薪的作用。

一 什么是腐败的根源

王沪宁在《反腐败——中国的实验》中指出：

清除腐败现象，是任何社会政治生活健康和稳定发展的关键一

环。20世纪的政治发展表明，在发展中国家走向现代化的过程中，能否有效地抑制和清除腐败现象，决定着现代化的成败，也决定着社会的长治久安。英国学者保罗·哈里森长期研究第三世界国家的发展问题，他提出：行贿受贿是大多数第三世界国家内部的恶性肿瘤，它蚕食着人民与统治者之间相互信任的基础，使国家无力实施自己的法律和法规，改革即使在法律上通过了也很难实施。哈里森点明了腐败行为对一个变革社会的危害性，这种分析对不少社会是适用的。所以说，能否抑止腐败关系到社会的稳定和繁荣。

古今中外，好像没有哪个国家哪个时代完全没有腐败。在风清气正的新中国成立初期存在刘青山、张子善腐败案，在以舆论自由监督严厉著称的美国存在市长马拉诺受贿案，但是，好像当下的中国腐败特别多，既比改革开放前高也比欧美国家高。这是为什么呢?

答案在于可以干预经济的权力！李克强总理说："腐败与政府直接参与微观经济活动有密切关系。"确是真知灼见。

腐败，通俗的解释，就是把权力进入市场变现。一部分人拥有权力，同时又存在着市场，这些权力拿到市场上出卖，腐败就发生了。改革开放之前，中国之所以腐败现象比较少，很大程度是因为那个时候只有权力，没有市场，权力拿不到市场上去；西方国家腐败现象比较少，很大程度上是因为这些国家市场发达，政府权力较小，又受到严格的监管，无法拿到市场上交易。

改革开放之前，中国是一个完全的计划经济体制，人们只有权力而不知道市场为何物。所有的经济活动，或者根本谈不上经济活动，就是基本的生产投资消费等活动，都受到政府的严格管控，按照上级的指令办事，所有的盈余都归国家，国家有权力无偿划拨。这样，权力根本找不到市场。

举个例子，假如甲是一家国营工厂的厂长，现在国家正在分配生产坦克的配额。按照市场经济的逻辑，作为工厂的厂长必然要争取配额，因为配额就代表着利润。比如说，多生产一辆坦克这家工厂就能多赚 100 万元，那么厂长当然有动力行贿，一辆坦克他都愿意行贿 50 万元，毕竟之后还有 50 万元的赚头啊。但是在计划经济下，甲这样做的动力就远不如市场经济了，试想一下，甲争取到了 10 辆坦克的配额，工厂多赚了 1000 万元。年终一到，大家高高兴兴准备分钱的时候突然发现，这 1000 万元是国家的，不能分，分了就是侵吞国有资产。不要说行贿的动力，估计甲连生产的动力都没有，压根就不想生产配额，反正生产了自己的工资也不会涨，不生产自己的工资也不会降。

西方国家是另一个极端，这些国家市场大的没边，政府小的没边，即使政府有些权力，在干预经济的时候这些权力也得按照市场经济的规则办事。权力实在很难换成钱，也就少有腐败了。以最有代表性的美国来说，最初到美国的英国人是因为不堪英国的宗教迫害才远渡重洋的，因此对政府权力有着极大的戒心。美国在建立之初简直就是一个松散的邦联，联邦政府管不了州政府，州政府也管不了公民，以至于在很长时间里连货币都没统一。在建国的 100 多年里，美国奉行自由市场经济，政府权力极少涉及经济领域。这种政府不干预经济的情况一直到大萧条才结束。大萧条让大家看到了自由市场经济的弊端，而随之而来的二战大大加强了政府在经济领域的影响力。但即使这样，美国政府在干预经济的时候也是小心谨慎，每次干预之前政府和国会，国会两党之间都会吵得一塌糊涂，干预起来也得按照市场经济的规则办事，比如美国政府的政府采购，那都得严格根据招投标的程序办事，哪级行政长官也不能随意制定。

吴敬琏先生说出了中国的经济面临四大体制问题：一是各级政府依然保持着土地、信贷等重要资源的配置权力。二是政绩考核标准仍然以 GDP 的增长速度为主。三是现行财政体制把各级政府的财政收入状况和物质生产增长紧密地联系起来，支出责任（“事权”）又过度下移，使各级政府不得不努力运用自己能够支配的资源，扩大本地经济总量。四是生产要素和若干重要资源的价格没有市场化，行政定价通常按照计划经济的惯例压低价格，价格的扭曲使市场力量在优化资源配置上的作用受到很大的压制，同时促使生产者采用粗放的方式进行生产。这四个方面都是政府干预经济。大家就可以看出，只有权力与市场并行，并且权力可以干预市场，腐败才能大行其道。而中国现在正是这样一个状态：从计划经济转向市场经济，又转得不彻底，市场已经建立起来了，但权力对市场还是有很大的影响。在当前社会生态中，要警惕三种所谓的“资本主义”：一是官僚资本主义，一是权贵资本主义，一是裙带资本主义。这三种伪“资本主义”最大的天敌是市场。如果不根除它们，将会阻隔，甚至断送中国来之不易的 30 多年的发展成果和即将开始的新一轮改革。

二　腐败的重灾区：被干预的市场经济领域

据 2013 年 9 月 9 日《北京青年报》报道：

就在上周，中石油系统又有 5 名管理层人士被有关部门悄然带走。其中包括中国石油天然气股份有限公司副总裁孙龙德，他上月底刚刚接替被调查的李华林代行公司董事会秘书职责。

接近中石油高层的权威人士日前向《第一财经（微博）日报》记者透露，上周四晚被带走的 5 人来自中国石油天然气集团公司（下称“中石油集团”）、中石油股份，以及中石油旗下的华油集团，目前尚不清楚他们是新一拨的被调查人员，还是只是协助调查。

…………

上述接近中石油高层的人士对本报记者说，此次被带走的5人中，3人来自中石油集团和中石油股份，分别为中石油股份副总裁孙龙德，中石油集团总会计师、中石油股份董事王国樑，中石油集团规划计划部总经理吴枚；另外两人来自华油集团，其中1人为华油集团总经理王文沧。

石油是我国严格管制的地方，中国政府对中国国内石油产业的整个产业链都设置了严格的管控，包括勘探、储运、加工和销售。直到20世纪80年代，石油工业部一直严格掌控着我国的石油行业。之后，虽然撤销了石油工业部，但相应地建立起中国石油天然气集团公司、中国石油化工集团公司和中国海洋石油公司三大石油公司，成为中国石油市场的三大垄断寡头。各项相关法律法规对石油上游环节的准入做出了严格的限制。只有获得中央政府颁发特许勘探许可证或开采许可证的企业，才能成为专营石油天然气的勘探开采商。民营企业即使在国外采了油，也需要过中石油集团和中石化集团这道门槛。石油行业的终端——成品油的价格不是由市场竞争形成，而是由发改委定价。种种干预造成了石油系统成为腐败的高发区。2009年7月，中国石油化工集团总经理、中国石油化工股份有限公司董事长因受贿1.95亿元，被判处死缓。2013年8月，中石油相继有多名高级管理人员因贪腐被抓，连身居正部级实职的国有资产管理委员会主任都涉及其中。2011年6月23日中新社报道：

浙江省高级人民法院6月21日就原杭州市副市长许迈永受贿、贪污、滥用职权案进行二审裁定，维持宁波市中级人民法院此前对许迈永作出的死刑判决。

1995年5月至2009年4月间，许迈永利用担任萧山市副市长、杭州市西湖区代区长、区长、区委书记、杭州市副市长等职务上的便利，为有关单位和个人在取得土地使用权、享受税收优惠政策、受让项目股权、承建工程、结算工程款、解决亲属就业等事项上谋取利益，收受、索取他人财物共计折合人民币 1.45 亿余元。

大概没人怀疑中国政府对房地产行业的影响力，从拿地块到拆迁，再到建筑以及最后验收，政府都有很大的话语权。在我们国家，城市土地属于国家所有，农村土地属于集体所有制，房地产企业想拿城市的地块需要向政府购买，想拿农村的土地则需要通过政府先把农村土地变为城市土地；拿完地以后往往涉及把原住民搬迁出去，由房地产公司一户一户和居民谈判的话成本过高，往往是由当地政府出面谈判；建筑的过程中的房产质量要由政府质监部门检查；盖完房子由政府质监部门验收，然后才可以向外出售。中国很少有行业像房地产行业这样被政府干预得如此彻底，同样也很少有行业能牵扯出如此之多的腐败。

李克强总理在国务院第三次廉政工作会议上说："权力集中的地方往往腐败多发，从去年审计发现的重大违法违规案件线索看，60%以上发生在行政管理权或审批权集中、掌握重要国有资产资源的部门和单位。"看看中国的各个经济领域，我们可以发现，李克强总理的话极为准确，政府干预少的领域，腐败就少，政府干预多的地方，腐败就多。像家电、摩托车，日用小商品等领域，很少出现腐败问题，而像石油和房地产这些政府干预严重的地方，腐败就频繁得多了，而且大案要案频发。

三　釜底抽薪！减少干预经济

既然腐败是权力干预市场的必然结果，那么想减少腐败，符合逻辑的选择就是两个：一个是取消市场，回到完全的计划经济状态去；另一个就是减少权力对市场的干预，让权力回归权力，市场回归市场。中国乃至全世界的计划经济历史都表明第一个选项是走不通的，第二个选项成为必然的选择。

李克强总理在2015年2月9日国务院第三次廉政工作会议上说：一要以权力“瘦身”为廉政“强身”。二要坚决消除审批的“灰色地带”。三要扎紧管权限权的制度“围栏”。

这段话是李克强总理从经济领域解决腐败问题的总体思路，就是减少对微观经济的干预。2013年5月15日，国务院发布了《国务院关于取消和下放一批行政审批项目等事项的决定》，取消和下放了117项行政审批项目；2014年7月22日，国务院印发《关于取消和调整一批行政审批项目等事项的决定》，取消和调整了95项审批项目；2015年2月24日，国务院再次印发《国务院关于取消和调整一批行政审批项目等事项的决定》，取消和调整226项审批项目。国务院连续三年印发通知和决定取消调整行政审批项目，可见简政放权的力度有多大，此外，李克强总理在第三次国务院廉政工作会议讲话中督促地方政府清理相关规范性文件，国务院连续两次发布文件取消中央制定地方政府实施的行政审批事项：2015年10月11日，国务院印发《关于第一批取消62项中央指定地方实施行政审批事项的决定》，2016年2月19日，国务院印发《关于第二批取消152项中央指定地方实施行政审批事项的决定》。2013年9月15日《新疆日报》报道：

记者张晓艳从兵团新闻办获悉：新疆生产建设兵团行政审批制度改革工作正在积极推进中。

据介绍，兵团开展行政审批制度改革工作从2012年5月启动，兵团党委、兵团高度重视，成立了兵团行政审批制度改革工作领导小组，6月印发了《关于兵团推进行政审批制度改革工作实施方案》，在兵团发改委、建设局、农业局三个部门进行试点。当年对兵团机关行政审批事项进行了认真清理、规范和调整，最终取消95项，保留315项。

2013年，为进一步提高行政效能效率，深化行政审批制度改革，促进行政职能转变，5月，成立了兵团行政审批制度改革和公共资源交易市场建设工作领导小组和办公室。6月，制定印发了《关于进一步做好兵团行政审批事项清理工作的实施方案》，要求兵团本级行政审批事项清理工作要在去年清理减少的基础上，再清减25%。师、团两级行政审批事项，清减比例要高于兵团本级。对各部门清理后的行政审批事项按照合理、合法、高效的原则进行了集中审核，经领导小组会议审定，决定取消和调整一批行政审批项目等事项。其中取消44项、下放30项、合并15项、保留243项（含新增18项），取消、合并、下放比例达28.3%。目前，师、团两级正在对本级行政审批事项进行清理清

无论是中央还是地方，在全面深化改革的道路上仍然必须继续改革行政审批、减少审批数量。在这个过程中，还是存在比较多的问题。中国对微观经济干预最多的部门就是发改委，所以本次政府减少干预微观经济的行动中，发改委的影子最为常见。发改委大概是中国在经济领域最有权力的部门了，大到国家宏观经济调控政策，小到绿豆大蒜的价格，都在发改委的管辖范围。相信未来一段时间里，发改委仍然是进一步改革的主要领域，投资立项、企业债以及物价管理等多个领域，发改委都有进一步下放权力取消审批的空间。

四 “三大助攻”：预算公开、财产公开、决策透明

显然，只依靠下放权力，放弃政府干预经济来反对腐败是远远不够的。一方面，现代社会里，政府不可能让政府完全放任自流，毕竟自由市场经济有它的缺陷，现代的西方政府也都建立起了调控经济的机制；另一方面，不仅是政府干预经济的过程中会产生腐

败，其他的领域，比如公款经费和项目建设，也是腐败的多发区。所以，相信除了减少政府对微观经济的干预，其他一些在很多国家和地方行之有效的反腐手段也会逐渐纳入李克强总理的视野。

首先，实行财政预算公开。财政预算牵涉到国家每一个人的利益，税收涉及纳税人的收入，支出涉及所有人的福利。中国政府已经在财政预算公开迈出了不小的步伐，比如说所有行政部门“三公”经费公开，但是和西方国家的财政公开相比还差得很远。在西方国家，财政预算是国会争论最为激烈的领域。我们经常听到美国国会关于财政预算的分歧，什么国会不同意增税，国会不同意减税，国会不同意发行国债，国会不同意停止发行国债，国会不同意救助某些行业，国会不同意不救助某些行业，等等。反而很少听到与我们密切相关的国内财政预算的消息。我们国家很多政府支出，比如4万亿刺激计划，很少听到有人大代表质疑。美国政府的财政预算书有数公斤重，而且所有人都可以在网站上查阅，而我们国家的财政预算只有薄薄的几十页，而且很多还是不对外公开的。在这方面我们国家还有很大的进步空间。一段时间以来，部分省份提出要在2015年以前，县级以上政府的财政都公开，这是积极的信号。李克强总理在第三次廉政工作会议上表示：“第一，政府收支一律纳入预算并公开。……必须把公共资金置于公众的监督之下。不仅中央本级，所有使用财政资金的部门和单位预决算都要公开到功能分类的‘项’级科目，……第二，所有公共资金一律接受审计监督。审计是看钱管权的‘卫士’。要推动审计监督全覆盖，对所有纳入预算的公共资金、重大投资、重点工程执行进度和效果进行全过程监督，审深审透。”

其次，推行官员财产公开。官员财产公开是很多国家和地区的通行做法。以美国为例，美国的财产申报制度始于1978年颁布的《政府官员行为道德法》。根据这项法律，包括总统、副总统、国会议员、联邦法官以及行政、立法和司法三大机构的工作人员，必须在任职前报告自己的财产状况，上任后还须按月申报。同时，财产申报不只限于申报者本人，还需包括其配偶和抚养子女的有关情况。除在国家安全部门工作或其他不宜暴露身份的官员外，各受理申报的机关均须将财产申报资料公开，供大众查阅复印，以便接受社会监督。这种制度1987年在国内首先被提出，之后遭遇了重重阻力，到如今已经过去了20多年，仍然没有实施的迹象。然而，这项制度是历史的大趋势，相信也会在李克强总理的反腐策略之内。俄罗斯总理梅德韦杰夫访问我国的时候被问起他要不要公开财产，他回答说："和其他国家领导人一样，我必须申报，我近几年来都在申报，我当总统的时候也申报过，现在当总理也在申报。所以大家知道总统总理有什么样的收入，有哪些财产，我家属的财产，我觉得这个做法很正常，全世界都这么做，没有什么特别的。"

最后，建立政府决策透明机制。"阳光是最好的防腐剂"。西方国家里政府的每一项决策都要完整地保留原始记录，然后对公众公开，国会的辩论也要详细记录，选民可以随时查阅。中国很多腐败都在于政府的决策机制不透明，很多决策做得莫名其妙，即使留下记录，公众也不能查询。其中，一把手腐败是万腐之首；防止一把手腐败是重中之重。据《南方周末》对党的十八大以来83名厅级以上官员腐败样本调查，发现32人是所在部门一把手。十八届三中全会提出，"坚持用制度管权管事管人，让人民监督权力，让权力在阳光下运行，是把权力关进制度笼子的根本之策。必须构建决策科学、执行坚决、监督有力的权力运行体系"。中央的这一决定从更高层面明确了决策公开透明的重大意义，既是科学决策的内在要求，也有助于从深层次上反腐。2013年12月4日，中共中央纪律检查委员会和监察部官网刊登《三中全会〈决定〉解读之五：如何加强和改进对主要领导干部行使权力的制约和监督》专文，直指一把手权力配置，具有风向标意义。

第十五章 收入差距

要坚持和完善社会主义基本分配制度，努力推动居民收入增长和经济增长同步、劳动报酬提高和劳动生产率提高同步，不断健全体制机制和具体政策，调整国民收入分配格局，持续增加城乡居民收入，不断缩小收入差距。

——2015年11月23日 习近平总书记在中共中央政治局第二十八次集体学习时强调

要深化收入分配体制改革，努力缩小收入差距。健全企业职工工资决定和正常增长机制，推进工资集体协商，构建和谐劳动关系。加强和改进国有企业负责人薪酬管理。改革机关事业单位工资制度，在事业单位逐步推行绩效工资，健全医务人员等适应行业特点的薪酬制度，完善艰苦边远地区津贴增长机制。多渠道增加低收入者收入，不断扩大中等收入者比重。使城乡居民收入与经济同步增长，广大人民群众普遍感受到得实惠。

——2014年3月5日 李克强总理《政府工作报告》（2014年）

【导读】

在一望无垠的凯巴布高原上，世界上最大的大峡谷——科罗拉多大峡谷把浑然一体的大地劈成了两个互不联系的两个世界，正如收入差距把一个紧密融合的社会划分成贫富两极。所不同的是，科罗拉多大峡谷两侧不会敌对，而贫富鸿沟的两端，则是无尽的不满、恐惧和仇视。在数十年的快速增长之后，我国的贫富差距迅速扩大，一条贫富科罗拉多大峡谷在神州大地上若隐若现。如何处理贫富差距，如何平复社会的焦虑，都成为李克强总理亟待解决的问题。李克强总理提出用保障性住房，城镇化和现代农业来解决收入差距问题，确实是对症下药，社会各界也在期待李克强总理改革举措的落地和贯彻。

一　贫富差距的三大危险：停滞、撕裂和动荡

凯恩斯在《就业、利息与货币通论》中指出："我们赖以生存的经济社会的突出问题，是不能提供充分就业和武断而不公平地分配财富与收入。"

所有的社会都不可能做到完全的公平，没有哪个国家的基尼系数是0。正常的收入差距激励人们发愤工作，努力创新，通过丰富社会财富来增加自己的收入。实践也证明，过于平均的分配机制导致效率低下，阻碍社会进步。然而，如果一个国家收入差距过大，严重到社会各个阶层对立仇视的程度，将会是一个停滞的社会，是一个撕裂的社会，也是一个动荡的社会。

停滞。生产和消费是推动一个国家经济发展的两个轮子。生产和消费的均衡是一个国家经济健康的基础。如果一个国家收入差距过大，底层居民收入一直只能维持基本的生存，没有多余的钱来消费，那么没有消费升级的下一步就是没有产业升级。无论这个国家生产多有效率、技术多高，经济只能在一个低水平上重复。这就是停滞的社会。

撕裂。收入差距是会往下继承的。一个人的财产很大部分是遗留给自己的孩子的，毕竟像巴菲特、比尔·盖茨这样裸捐的人不会很多。而且，富人的孩子在获取社会资源时远比穷人的孩子有优势，比如，富人的孩子更有可能进入名牌大学，富人的孩子更容易发现商业机会。因此，很多时候，富人的孩子还是富人，穷人的孩子还是穷人。不同阶层的人难以融入其他阶层里，整个社会撕裂成数个没有交流而且对立仇视的阶层。这就是撕裂的社会。

动荡。当今社会自由平等已经深深扎根于每个人的内心，无论是西方国家要求人们救赎原罪的宗教，还是中国要求人们“克己复礼”的儒家，都不可能让人们坦然面对巨大的收入差距，特别是这种差距还会代际传递。当人们无法依靠自己的努力改变处境的时候，抢掠和剥夺便成了唯一的选择。纵观收入差距过大的国家，没有一个能保证政局的平稳和社会的和谐。这就是动荡的社会。

想要见识收入差距对一个国家的伤害，最好看看拉丁美洲。2006 年，亚洲银行提出了一个新的名词“中等收入陷阱”，指一个国家在人均收入达到中等收入水平以后长期徘徊不前，经过几十年的发展都不能跨入高收入国家的门槛。拉丁美洲 33 个经济体中 28 个国家出现这种现象，收入差距真是“功不可没”。学者刘艳涛在 2011 年第 11 期《环球财经》上发表文章《阿根廷：共富路线的曲折探寻者》：

20 世纪 70 年代中期以前，阿根廷曾是拉美相对富庶的国家之一，拥有丰富的农业、矿产自然资源，盛产谷物、牛肉，大量出口世界各地。但是，今天阿根廷民众却不禁无限伤感，昔日“拉美粮仓”却陷入饥饿之中，不少人曾是有体面收入的中产阶层，如今沦落到从垃圾中觅食的潦倒饥民。

阿根廷也曾被美国官方称为“改革楷模”，其彻底推行了新自由主义经济政策的路线被美国和国际货币基金组织为发展中国家树立的“样板”宣扬于世界。“不像泰国、韩国等一些亚洲国家那样，被西方批评为不规范的裙带资本主义。”当年阿根廷盛行私有化浪潮之时，除了被解雇工人抗议外很少受到反对。

但大喜过后就是大悲，曾经的楷模和新自由主义经济政策的“蜜月”终结后便跌入深渊。从中产到饥民，从楷模到因贫富差距过大引发暴乱，由财富分配不均而导致的贫富两极分化严重到让世界为之震撼的地步。

2009年第二季度，根据阿根廷国家统计局每季度进行的家庭情况调查显示，在阿根廷全国31个主要城市中，10%的最贫困人口每个月的总收入为三亿比索（一美元约合3.82比索），人均月收入仅为216比索。而该国10%最富裕人口的月总收入为78.45亿比索，人均月收入为5669比索。高收入群体和低收入群体的收入差距扩大到26倍。

李克强总理在会见世界银行行长金墉时表示，要借鉴国际经验教训应对中等收入陷阱。如果说我们可以从中等收入陷阱问题最突出的拉丁美洲学到什么教训的话，那么贫富差距肯定是最重要的一条。

二　破解收入差距必须跨越两大鸿沟

我国国民财富的分配存在着两大鸿沟：城乡收入差距和地区收入差距。这两大鸿沟正如科罗拉多大峡谷分开凯巴布高原一样分裂着中国社会。

我国城乡二元结构自20世纪50年代户口制度的全面推行而确立，在计划经济时代，农村人口就在诸多方面较城市人口为差，以高考为例，直到20世纪90年代，农村户口的考生的录取分数线都要高于城市户口的学生。改革开放以来，这种不平等迅速体现在收入中，城乡居民的收入差距不断扩大。

1978 年之后，我国首先改革的就是农村的生产经营体制，联产承包制和包产到户极大地提高了农民的生产积极性和经营灵活性，农村居民的收入迅速提高，城乡收入比减小。到 1983 年，我国城乡收入比为 1.82，为 30 多年来的最低水平。20 世纪 80 年代中期以后，我国改革开放的中心落到城市里。城市里的国有工厂开始实行承包制，之后又鼓励民营经济建立工商企业，城市居民依托兴起的工商业，收入大幅提高。与此相对的，是农村居民收入的停滞，结果就是城乡收入比一路攀高。1983—1994 年城乡收入差距急剧扩大，到 1994 年城乡居民收入比高达 2.86。1995—1997 年，收入差距略有缩小。1998 年之后，城乡收入差距再次呈明显扩大趋势，收入比由 1998 年的 2.51 扩大到 2010 年的 3.23。目前全世界城乡收入比超过 2 的只有三个国家，而我国不仅是其中之一，而且是最高的一个。《山东商报》2011 年 3 月 3 日报道：

对此，马力表示，在全国而言，农村和城市福利待遇人均差别是 33 万元，“对于特大城市来讲，甚至上百万元，一般来讲大城市是 50 万元以上，中小城市是十几万元。就北京来讲，北京的差别现在是百万元以上了。”

我国幅员辽阔，地区之间无论气候水土，还是人的性格都有巨大的差异。在计划经济年代，我国地区间的收入差距就比较大，受国家照顾比较多的地区，如工业重地东北三省和上海，其经济远较其他地区发达，居民的生活水平也远比其他地区高。改革开放以后，市场经济条件下，一些地方由于地理区位优越，自然条件丰厚，或者国家政策倾斜，经济快速发展，虽然抹平了一些地区收入差异，如东北地区和南方省份，但又形成了新的地区收入差距。

从经济总量上看，东部地区占了国民经济生产总值的 60%左右，中部地区占了国民生产总值的 1/4 左右。区域差距显著，东部地区的经济总量显著高于中西部地区，是中部地区的两倍多，西部地区的四倍多。2010 年，经济总量进入前 10 名的省份中，中部地区仅有河南、湖南，西部仅有四川，其余七个省份全是东部沿海省区市。经济总量排名的最后几名除了海南省属于东南沿海外，都为西部省市。从人均水平看，人均 GDP 最高的 10 个省份东部地区占了 9 个，中部地区仅有一个，西部地区人均 GDP 最高的省份是陕西，也仅排全国的第 17 位，人均 GDP 最高的地区是上海，人均 GDP 最低的地区是贵州，前者是后者的 12 倍多。东部地区的人均 GDP 为 41893.75 元，中部地区的人均 GDP 为 22291.11 元，西部地区的人均 GDP 为 16618.9 元，东中西的地区差距明显，东部地区的人均 GDP 接近于中部地区的两倍，是西部地区的两倍多。

在 2015 年 11 月 27—28 日的中央扶贫会议上，习近平总书记强调，“十三五”期间脱贫攻坚的目标是，到 2020 年稳定实现农村贫困人口不愁吃、不愁穿，农村贫困人口义务教育、基本医疗、住房安全有保障；同时实现贫困地区农民人均可支配收入增长幅度高于全国平均水平、基本公共服务主要领域指标接近全国平均水平。从目前的趋势看，实现这一目标还有很大的困难，我国的领导层准备如何克服困难实现目标呢?

三　三大利器：保障性安居工程、城镇化和现代农业

2012 年 2 月 6 日，时任副总理的李克强同志在全国保障房工作会议上表示，推进保障房安居工程建设，有利于调整收入分配结构；2012 年 12 月 19 日，在长江沿线部分省份及城市负责人区域发展和改革座谈会上，李克强总理再次说，缩小城乡差距，要靠城镇化，发展现代农业，推进城乡一体化。保障性安居工程，城镇化

和农业现代化成为李克强总理应对收入差距的三大利器。

保障性安居工程指的是为城乡低收入人群提供住房的工程。保障性安居工程包括三类。第一类是保障性住房建设，包括廉租住房、公共租赁住房、限价商品住房；第二类是棚户区改造，包括城市棚户区、国有公矿棚户区、林区棚户区、垦区棚户区和煤矿棚户区；第三类是农村危房改造和游牧民定居工程。

在改革开放之前和改革开放初期，我们国家的物质条件很薄弱，生活的焦点是温饱，贫富差距主要体现在能不能吃得饱，吃得好。因此，国家极端重视穷人的吃饭问题，在计划经济年代，对于贫困人口帮扶的主要方式是提供免费或低价的粮油米面。随着经济的发展，现在中国已经基本解决了温饱问题，吃穿成了小事，住房成了贫富差距的体现。在大城市，很多中低收入人群终身都买不起房子，甚至连租房子都很困难；在中小城市，特别是原先的资源型城市，则仍有很多人住在老旧的棚房里；在农村，很多农民的房子还是危险的茅草房。解决好这部分人的住房问题，虽然不能在根本上解决我国的收入差距问题，但可以缓解贫富差距带来的社会对立情绪。

城镇化是指农村居民从农村转移到城市，不再从事农业生产，而是从事工商业的过程。用城镇化来解决收入差距问题的思路非常简单：收入差距中很大一部分是因为城乡收入差距，既然城乡收入有差距，那么把农村变为城市，把农业人口变成城市人口，不就解决收入差距的问题了吗？能把复杂问题简单化，并且提出一个简单的解决方案，这就是水平。发达国家的经验表明，一个国家的收入差距呈现出U字形，即开始时收入差距增大越来越不公平，然后达到谷底慢慢回升又变得越来越公平。这其中的原因就在于城镇化。在城镇化初期，一部分人转移到城市里，收入迅速变高，拉大了收入分布不公的程度；之后随着城镇化的进展，大部分人成为城市人口，收入就变得更为平均。中国广播网 2013 年 4 月 14 日曾报道：

黄志龙（中国国际经济交流中心副研究员）：要缩小（城乡收入）这个差距，根本的出路还是要把大部分的农民转变为市民。现在政府提出要加快推进城镇化，我们现在的城市化速度尽管很快，但是城市化水平还是比较低的，刚刚过了 50%。从国际比较来看，我们的城市化水平远远落后于我们的工业化水平或者经济发展水平，所以我们要加快推进城市化。另外一个出路就是农业的生产方式要逐渐地从当前传统小农的生产方式，转变为集约化的或者规模化的生产方式，并且要多样化的生产形式，这才是缩小城乡差距的一个根本出路。

农业现代化则是与城镇化相配套的措施。像我们这样一个大国，无论城市化程度多高，都不可能把百分之百的人口变成城市人口。即使是美国这样一个全球最发达的国家，城市化程度也不到 90%。如果只是一味地强调城镇化，不改进农业生产，那么最后留在农村的人口就会陷入贫困之中。

农业现代化是指从传统农业向现代农业转化的过程和手段。在这个过程中，农业日益用现代工业、现代科学技术和现代经济管理方法武装起来，使农业生产力由落后的传统农业日益转化为当代世界先进水平的农业。实现这个转化过程的农业就叫做农业现代化的农业。农业现代化是提高农村人口收入水平的重要手段。当农民使用现代化的机械、科技以及管理技术进行农业生产的时候，劳动生产率会大幅提高，人均产出远远高于传统农业。欧美发达国家之所以城乡收入差距很小，很大程度上就在于他们农民的收入和城市人口几乎没有差别。在美国，农民占总劳动力的比例大约只有 1%，可是美国却是当今世界最大的农产品出口国，创造了美国 15 万亿美元的 3%，约 4500 亿美元，一年每个劳动力的收入约 17 万美元。

四 地方政府：多关注收入平等，少关注 GDP

《中共中央关于全面深化改革若干重大问题的决定》中指出："完善发展成果考核评价体系，纠正单纯以经济增长速度评定政绩的偏向。"

缩小贫富差距不光是中央政府的事情，地方政府也应该发挥重要的作用。现行的地方政府的执政机制在很大程度上加重了收入差距的程度。

改革开放之后，地方政府之间的竞争曾经是中国经济发展的巨大动力。有人戏称，中国每一个地方政府就是一个公司，行政长官就是总经理，业绩就是 GDP。话虽戏谑，却道出了部分事实。压抑已久的致富欲望使地方政府的官员发展经济；同时，中国的官员选拔机制也促使地方政府官员唯 GDP 马首是瞻。发展经济，投资是最便捷的一种方法，也正是中国地方政府的选择。为了吸引投资，地方政府往往压低各种资源的成本，比如较低的土地价格和较低的劳动工资。投资的人往往是富人，却可以拿到市场价以下的土地和劳动力；拥有土地和劳动力的人往往是穷人，比如普通的农民和工人，却只能获得低于市场价值的报酬。显然，地方政府的发展理念在加重贫富差距的程度。

转变执政理念是地方政府不得不面对的大趋势。随着生活水平的提高，增加收入不再是人民最迫切的需求，高品质的生活是人民新的渴望。中央政府的发展思路也在转变。2013 年 11 月 4 日，《人民日报》发表评论员文章《不要再为 GDP 排位纠结了》，可以说是地方政府发展理念转变的发令枪。今后，地方政府的注意力可能需要更多地从 GDP 增长转到地方全面发展中来。《中共中央关于全面深化改革若干重大问题的决定》更是明确指出，"完善发展成果考核评价体系，纠正单纯以经济增长速度评定政绩的偏向”。

转变发展理念不仅符合人民的渴望，符合中央的要求，也符合地方政府的长远利益。当一个地方收入差距过大，社会稳定必然会受影响。面对层出不穷的治安问题和群体事件，地方政府必然疲于奔命。前两年发生的“瓮安事件”就是一个严重的警示。从长远来看，稳定的社会秩序将成为一个地方发展的最大优势。虽然投资者看重一个地方的劳动力价格、土地价格等等，但是投资者更看重风险，无论生产要素价格多低，一个社会不稳定的地区都不是投资的好选择。

转变发展理念同样有利于地方官员的自身利益。眼下，多数官员关注的都是提高 GDP 能够带来的职位提升，却没有看到群体事件导致很多官员乌纱帽落地。“瓮安事件”之后，当地多名官员被免职。随着社会的发展，地方官员的考核机制在进一步改善，相信未来一段时间里，对于出现群体事件的地方官员的处罚会更严重。2013 年 6 月 28 日，习近平总书记在全国组织工作会议上强调，要改进考核方法手段，把民生改善、社会进步、生态效益等指标和实绩作为重要考核内容。缩小贫富差距，让收入更加公平无疑是减少群体性事件的重要法宝。2008 年 7 月 7 日《民族日报》发表时评《瓮安县委书记、县长被免职引发的思考》，文中说：

继瓮安县公安局原政委罗来平和局长申贵荣被免职之后，贵州省委继续严肃追究干部责任，省委和黔南州委 7 月 4 日对瓮安县党政主要负责人作出调整决定，县委书记王勤、县长王海平被免职。

…………

豫剧《七品芝麻官》中有句唱词是“当官不为民做主，不如回家卖红薯”，瓮安县的书记、县长，公安局的政委、局长，虽说不至于去“卖红薯”，但再想为政一方恐怕不可能了。他们应该反省，有类似情况的地方领导也应该反省。

一部电影里说："当人只有一个念头时，他很危险。"这句话对地方官员也很适用。当地方官员只想着用 GDP 来换自己的乌纱帽时，他很危险。未来的地方官员，谁更会在几个目标之间寻求平衡点，谁就更有可能脱颖而出；谁更注重执政思维的转变，注重体系化的治理水平和治理能力提升，谁就能获得更大的职业发展空间。

第十六章　法治精神

解决这三个问题，也可以说是实现三项任务，还需要有三大保障。……三是建设法治政府，这尤为根本，要把法律放在神圣的位置，无论任何人、办任何事，都不能超越法律的权限，我们要用法治精神来建设现代经济、现代社会、现代政府。

——2013 年 3 月 17 日　李克强总理答中外记者问

市场经济的本质是法治经济，……让行政权力在法律和制度的框架内运行。要依法规范企业、社会组织和个人的行为。

——2013 年 5 月 13 日　李克强总理在国务院机构职能转变动员电视电话会议上的讲话

【导读】

卢梭曾言："无论是我或任何人都不能摆脱法律的光荣的束缚。"法律是全体人民意志的结晶，是在治国理政中政府首先要遵循的行动指南。法不阿贵，绳不挠曲，法律被尊重意味着更大范围的公平和正义，意味着更多的国家事务和公民权利通过程序加以约束或保护。法治对社会主义市场经济、促进社会公平正义、深化政治体制改革都有着重要的意义。

把法治精神放到经济学里讨论似乎很唐突，法治历来和民主放在一起，成为政治学里最重要的专业名词，与经济不沾边。然而深入地分析可以发现，经济发展从来离不开法律，特别是在中国这样一个市场经济才建立30多年的国家里。所谓法治精神就是崇尚法治、敬畏法律，将法律放在神圣的位置。在建设现代经济时，政府不仅是要维护市场主体的权利，而且政府在依据法律治理经济活动时，要管住自己的手，严格依法办事。

一 严控政府伸向市场的手

我国改革开放30多年来取得巨大的成就，归根到底在于选择了市场经济这样一种先进的经济方式。然而，最近10年里，我国市场经济改革出现了反复，政府的手不住地伸向市场。2013年11月28日，《南方周末》发表了世界华人首富李嘉诚先生接受的专访，文中李嘉诚认为香港核心竞争力的价值之一就是，自由开放的市场和重视法治的原则。他提到，如果政府对市场管制失当，这些优势会一夜之间荡然无存。李嘉诚谈到政府时，说政府永远不能选择性行使权力，不能令人对政府的公平性失去信心。华人首富60多年的政商经验总结可谓深刻。约束政府，发挥市场的基础性，乃至决定性作用，成为李克强总理反复提到的话题。用法律约束政府，用法律保障市场的基础性乃至决定性作用，或许会成为李克强总理最好的选择。

1978年之后我国由计划经济向市场经济转变。市场经济的第一要义是市场决定资源配置，政府从微观经济中退出。改革开放的过程就是一个政府从经济退出，市场逐步接管经济的过程。在市场经济的带动下，我国经济不仅短时间内从崩溃边缘回到了正常的轨道，而且也驶上了30多年高速发展的快车道。

领导层对市场化改革的反复保持了足够的警惕，2013 年 3 月 17 日答中外记者问时李克强总理说，“把错装在政府身上的手换成市场的手”，表达了总理加强市场约束政府的决心。拿什么来约束政府加强市场呢？同日在答中外记者问是总理说“建设法治政府，这尤为根本，要把法律放在神圣的位置，无论任何人、办任何事，都不能超越法律的权限，我们要用法治精神来建设现代经济、现代社会、现代政府”。显然，在李克强总理心目中，法治是约束政府、规范市场最好的利器。

2013 年 9 月，上海自贸区成立，在众多的金融自由化措施背后，一项法律措施格外引人注目，这就是“负面清单”制度。负面清单，简单地说，就是政府把自贸区里不能做的事情列举出来，除此之外市场都能做。曾经我国的政策一直是列举出市场能做的事情，类比来说可以叫做“正面清单”。从“正面清单”到“负面清单”，一字之差，体现的却是实实在在的法治精神。

从逻辑上看，法治精神强调个人的自由和对政府的约束。对个人来说，天赋人权，法无明文即为允许；对于政府来说，权力来自人民，法无明文即为禁止。“正面清单”里政府给市场设定“正面清单”，只有“正面清单”里的事情市场才能做，是认为权力属于政府，政府授权给市场，显然违反了法治精神。

从现实来看，“正面清单”下，政府给市场画了一个圈，圈子之外是禁区。企业不能高创新，因为任何创新都有可能越界。“正面清单”完全限制了企业的积极性。更为糟糕的是，想要列举出来可以做的事情是非常困难的，结果必然是这个圈子可大可小，解释权在政府各个部门手里，给政府部门干预经济的渠道。“负面清单”之下，市场主体知道自己哪些不能做，只要自己的业务没有涉及负面清单上的内容，市场主体就可以“天高任鸟飞，海阔凭鱼跃”。

法治就是要将政府权力的边界划清，使政府始终在合理的范围内运行。法律将政府的行为限制在必要的范围之内，一方面为政府发展经济活动提供了可靠的、稳妥的依据和程序；另一方面也有益于保障市场主体的利益。可以说，没有法治就没有市场经济，因为市场经济的发展来自法律的庇护。“把该放的权力放掉，把该管的事务管好”，这是法治精神的体现，这一思路是进一步释放改革的红利的重要步骤，是以法治促经济的重要举措。

二 产权改革的魅力就是：风能进，雨能进，国王不能进

明晰的产权能带来多大的经济效益？同样的土地，同样的劳动人口，同样的生产工具，1978 年食不果腹，1979 年家家有余粮，生产出的粮食是 1966—1970 年 5 年粮食的总和。一年之间，如此之大的变化只因为一件事：农地承包给了农民。这是发生在安徽省小岗村的真事。这就是产权的力量。

为什么产权有这么大的力量？举个例子，一个农民种地，当他知道种出的粮食都归自己的时候，他会拼命努力，浇水、施肥、除虫、锄草，因为这么做直接增加了他的收入，让他一家子能吃饱饭；反过来，如果他种出来的粮食不知道归谁所有他还会这么努力？肯定不会。偷懒耍滑，晒太阳，唠嗑，这会是几乎所有农民必然的选择。

可以说，我国的改革开放 30 多年的历程就是一个明晰产权的过程。最早改革的是农村的产权制度，从人民公社制度转变为家庭联产承包责任制，虽然没有触及土地所有权，但赋予农民部分土地收益权，极大地解放了农民的生产积极性。1980—1984 年是 1949 年之后粮食增产最快的一段时间，有学者估计，这段时间中粮食增产的 90％是由于体制的改革。之后，产权改革由农村转入城市，

由农业转向工业，由生产资料转向生活资料。企业由完全国有逐步转向部分国有部分私有。国有企业的产权也由简单模糊的“公有制”转变为多元化清晰化的股份制。居民房子的使用权也由原来的单位所有变为居民个人所有。

然而，工业领域和居民私人领域的产权远不如农村土地产权问题来得容易。当产权改革深入深水区时，不和谐的现象大量发生。华晨汽车、健力宝等众多知名品牌都因为产权问题而巨星陨落。腾讯财经 2012 年 6 月 18 日的一篇新闻不禁让人唏嘘：

在这一时刻，李经纬提出了第二套改制方案，由管理层自筹资金买下政府所持有的股份，李经纬开出的价格是 4.5 亿元，将在 3 年内分期付清。三水政府断然拒绝，理由据称是“风险很大，有用健力宝资金来买健力宝之嫌”。

…………

在这样的拉锯中，政府与管理层的关系近乎破裂，而企业效益也开始急速下滑。健力宝的经营业绩自 1997 年创造了 54 亿元的骄人纪录后，每年以锐减 5 亿～8 亿元的幅度降低，上缴政府的利税也从 1 亿元降到两三千万元左右。

就这样，一家蒸蒸日上的企业因政府与经营者的产权博弈而变得灰暗。

产权改革在工业和城市里难以推行下去，与我国法治精神欠缺的确有很大关系。发达国家一般都利用《物权法》来保障产权，我国经过近 20 年的研究直到 2007 年才通过该项法律。即使获得通过，积习所致，很多人，特别是政府执法人员都不以为意。2010 年新闻报道，绥棱县建设局副局长兼拆迁办主任王洪军告诉记者：“土地是国家的，没有补偿，只对地上的产权房屋进行补偿，冷库也是招商引资过来的项目，能提高居民收入，应算公益项目。我只懂拆迁法，不知道什么物权法。”一个堂堂的副局长居然不知道

《物权法》，而且还说得理直气壮，法治精神缺失给我国产权改革造成了多大困难可想而知。更有甚者，省政府发文干预最高法院对产权的判决。2010 年 8 月 2 日《中国青年报》曾报道过一个案例：

同样是在陕西省横山县，同样是一起关于矿权纠纷的官司，在最高人民法院审理的过程中，却收到一份来自“陕西省政府办公厅”的函件。

在这份函件中有这样的表述：“省高院一审判决对引用文件依据的理解不正确”，“如果维持省高级人民法院的判决，将会产生一系列严重后果”，“对陕西的稳定和发展大局带来较大的消极影响”。

《中共中央关于全面推进依法治国若干重大问题的决定》中提出：“健全以公平为核心原则的产权保护制度，加强对各种所有制经济组织和自然人财产权的保护，清理有违公平的法律法规条款。”《中共中央关于制定国民经济和社会发展第十三个五年规划的建议》中提出：“推进产权保护法治化，依法保护各种所有制经济权益。”

李克强总理法律科班出身，以法治精神促进产权改革势必纳入李克强总理的施政纲领之一。2016 年政府工作报告中，李克强总理提出：“坚持依法履职，把政府活动全面纳入法治轨道。各级政府及其工作人员要严格遵守宪法和法律，自觉运用法治思维和法治方式推动工作，法定职责必须为，法无授权不可为。积极推行政府法律顾问制度。”

三 打破地方保护主义藩篱，推进统一大市场

统一大市场是资源优化配置经济高速发展的基础。试想一下，假设甲地拥有丰富的农具却没有土地，乙地拥有广阔的土地却没有农具，当甲乙两地各自为政分割市场，两地的人均粮食产量都不会多高；如果甲乙两地形成一个统一大市场，两地的人均粮食产量都

会提升很多。欧洲 20 多个国家之所以要建立起欧盟，就是为了统一欧洲的市场，让资源在整个欧洲内可以自由地流向效率最高的地方。

中国在政治上虽然是统一的中央集权国家，但在经济上却是离统一大市场还相去甚远，地方保护主义严重，不仅生产资料在地方之间难以流通，就连基本的生活消费品市场也被分割。地方保护主义一直是我国经济发展的巨大障碍。从长远来看，如果不根除地方保护主义，中国与东南亚的大市场进程也将受到阻滞。

中央政府花过很大力气解决这一问题。朱镕基同志和温家宝同志都对地方保护主义提出过严厉批评。2002 年时任总理朱镕基在全国人大五次会议上说："产业结构不合理和经济体制深层次问题尚未解决，生态环境问题依然相当突出，地方保护主义屡禁不止，市场经济秩序有待继续整顿。"2012 年 1 月 11 日时任总理温家宝指出要"坚决破除地方保护，维护公平竞争的市场秩序"。中央政府也出台过专门的文件应对地方保护主义。2001 年 4 月 21 日，国务院公布《国务院关于禁止在市场经济活动中实行地区封锁的规定》，禁止任何单位或个人违反法律、行政法规和国务院的规定，以任何方式阻挠、干预外地产品或工程建设类服务进入本地市场，或者对阻挠、干预外地产品或服务进入本地市场的行为纵容、包庇，限制公平竞争。

然而时至今日，地方保护主义仍然是我国经济的痼疾。2013 年 10 月 3 日，双汇公司在江西弋阳的销售网点"弋阳县双汇冷鲜肉批零中心"遭当地同行砸抢，工作人员也被殴打致伤。事后调查，当地肉类企业受地方政府保护，地方政府长时间内都不允许外地猪肉进入弋阳市场。此次双汇在弋阳开设销售网点，当地的肉类企业视为眼中钉肉中刺，想用暴力把双汇的网点赶走。当地的肉类企业之所以如此大胆，很大程度上在于当地政府的包庇。恶性事件发生以后，肇事者不仅没有受到法律惩罚，双汇的工作人员反而被行政拘留。

如何打破地方保护主义的藩篱建立起统一大市场？或许看看美国的相关判例对我们不无裨益。钱颖一先生曾经在《市场与法治》一文中讲过一个影响美国法治传统的经典判例：

一个著名判例是1824年的基伯斯（Gibbons）对奥格登（Ogden）。哈德逊河是位于纽约州与新泽西州之间的一条河。纽约州政府曾立法授予两位纽约商人弗尔顿（Fulton）和莱文斯顿（Levingston）在这条河上运行蒸汽船的垄断权力。结果美国最高法院裁决纽约州的这一立法违宪，因为这条河连接两个州，而纽约州的这一立法阻碍了新泽西州蒸汽船的运行。这一裁决所引用的就是宪法中的商务条款，这一条款说得很明白，只有联邦国会才有权力规制州与州之间的商务。

另一个著名判例是1827年布朗（Brown）对马里兰（Maryland）。马里兰州曾立法对在本州内销售进口货物征收50美元的许可证费。最高法院裁决任何州政府都不得对进口到本州的货物收取这样歧视性的费用。这一裁决同样根据宪法中的商务条款。

学习国外的制度，是我们国家这些年发展的一种重要模式。在统一市场方面，我们也应该向美国学习。美国的国土面积和我国相仿，州政府的数量和权力都超过我国的省政府，但国内市场统一完整，州与州之间的贸易壁垒极小，很大程度上就是依靠法律的权威。美国《宪法》第一条第八款规定："国会有权力规制与其他国家、州际之间，以及与印第安部落的商务。"这项法律赋予联邦政府处理州与州之间商贸关系的全权，为形成全国统一大市场奠定了法律基础。美国实行双层司法制度，各个州有自己的法院；联邦政府有一套和州法院完全独立的另一套司法系统。双层司法制度保证了司法体系不受州政府的影响，为形成全国统一大市场奠定了制度基础。此后，数个判例更是确立了统一大市场不可动摇的地位。

值得注意的是，在党的十八届三中全会上通过的《中共中央关于全面深化改革若干重大问题的决定》中关于司法管理体制的改革计划，不仅将中国司法制度推向新的境界和格局，对中国统一大市场的建立，也将起到奠基的深远性作用。

四 信仰法治、敬畏法律是最好的发展方式

由于封建人治的历史影响以及现实的政治社会环境，国人或多或少都存在着蔑视法律的问题，尤其以官员和企业家为甚。很多官员和企业家都信奉“不违法，不成事”的歪理。在这些人心里，只知有长官而不知有法官，只知有尊卑贵贱而不知“法律面前，人人平等”。请看2013年4月17日《新华每日电讯》：

鉴于社保资金挪用存在严重隐患，2001年，广东省政府下发《关于做好纠正回收违纪挤占挪用社会保险基金工作的通知》要求，各地于2002年底前完成清收工作，不得拖延。

…………

作为清理成员单位代表，东源县法院副院长刘伟华在一次工作会议上被布置了一个“特别任务”——经过法院审理、判决，使挪用的社保基金具备依法核销的条件。……

“当时我提出，时间不够，司法程序走不完。但上级领导让我‘想想办法’。”刘伟华说。有关负责人证实，前期工作流程结束、材料交到法院，已经到11月。

情急之下，刘伟华想到了“伪造判决书”。举报人向记者提供了五份“判决书”。

然而，事情正在发生变化。2013年3月，新一届中央领导集体就任不久，《人民日报》刊发了以《开创依法治国新局面》为总

标题的系列社论，其中第三篇就是《让法治成为一种信仰》，文中说："从这个意义上看，法治并不完全取决于法律条文有多么复杂严密，也不仅体现在普通民众对法律条文有多么深透的了解，而在于努力把法治精神、法治意识、法治观念熔铸到人们的头脑之中，体现于人们的日常行为之中。党的十八大把'法治'作为社会主义核心价值观的一大要素，就是要让法治成为一种全民信仰，化为社会文明进步的强大动力。"2014年10月24日，《人民日报》再次发表文章《让法治成为国家信仰》，文中的一句话精准地概括了党的十八届四中全会的意义——"党的中央全会上第一次专题讨论依法治国问题，这本身就体现了对法治的高度重视。"

一直以来，我国法治不昌，很大程度上在于公众对法律的疑虑。因为疑虑，所以公众不敢拿起法律武器保护自己的合法权益，也因此对违法行为一再容忍。在公众的容忍下，部分不法之徒得以猖獗横行，一些官员和商人违法乱纪的事情往往是建立在人们对此类事情的放纵上。当法律变成一种信仰，一切都会改变。比如说贪腐。贪腐是中国历史上最常见的事情。所谓"千里做官只为钱"，在很长一段时间内，贪腐被中国人认为是做官的基本福利。然而现在，随着对国外政治制度和政治生态的逐渐了解，人们慢慢发现，原来不是全世界的官员都是贪腐的，甚至有些发达国家的官员没有贪腐的。这大大降低了中国人对贪腐的容忍程度，所以现在关于贪腐的举报特别多，甚至不惜玉石俱焚。再比如制售伪劣产品。刚改革开放的时候，很多人靠假冒伪劣产品发家致富。然而，现在，不要说假冒伪劣产品，即使产品中含有一些对人体有害的物质，生产者和销售者都有可能倾家荡产身败名裂，因为人们对这些产品更为敏感了，不像当年，买到假货只是自认倒霉而已。

如何在法律框架下通过公平竞争来得到提拔或者获得商业上的成功是未来官员和商人最应该考虑的事情。或许曾经的违法行为都是可以谅解的，由于历史原因，曾经我国的法律极度不适应社会发展的需要，为了发展，违法几乎不可避免，比如为了做生意不得不违犯“投机倒把罪”。然而，这样的时代已经过去。当下的法律已经比较适合社会的发展。法律框架已经为公平竞争做好了准备。

无论对于市场主体，还是对于政府而言，信仰法治、敬畏法律，都是其素养的重要内容。只有崇尚法治、敬畏法律，官员的法律素质才会进步，才能严格依法办事；而市场主体的法律素质有了进步，遵纪守法成为社会风尚，市场经济才是真正的法治经济。

江平先生曾经提出“法治天下”的理念；习近平总书记在为《中共中央关于全面深化改革若干重大问题的决定》做的说明中，着重提出“把市场在资源配置中的‘基础性作用’修改为‘决定性作用’”。依笔者之见，未来的国家治理体系现代化，应是在资源配置中，法治起基础性作用，市场起决定性作用，两者的结合，很多问题都会迎刃而解，很多机会都会水到渠成。

第十七章　市场的手

不是说政府有错位的问题吗？那就把错装在政府身上的手换成市场的手。这是削权，是自我革命，会很痛，甚至有割腕的感觉，但这是发展的需要，是人民的愿望。我们要有壮士断腕的决心，言出必行，说到做到，决不明放暗不放，避重就轻，更不能搞变相游戏。

——2013年3月17日　李克强总理答中外记者问

【导读】

实践证明市场远比政府的指令更能保证微观经济的良好运行。然而，想让政府管好自己的手却不容易，特别是在中国这样一个习惯于大政府的国家里。打着宏观调控的幌子把手伸到了微观经济里，这就是中国政府现在正在做的事情。谁都不怀疑中国不会再回到计划经济时代，但政府这只手伸得太长，已经严重影响中国经济的效率。李克强总理已经意识到这个问题，也敏锐地觉察到这个问题背后的危险性，强调把政府的手换成市场的手。

一　没有市场这只手，就没有现代社会

普通人看到“市场的手”这个词会觉得莫名其妙：市场还有

手？这是指通过市场解决资源配置问题。

从人类在自然界出现那一天开始，人类就面临着如何配置资源的问题：是多去打猎呢，还是多去拣树果？吃的东西是多给首领一点，还是多给老弱病残一点？到了现代社会，这个问题变得更为复杂：是多生产一点粮食以防止饥荒，还是多生产点武器以备外患？如果生产粮食的话，是多生产一点小麦呢，还是多生产一点水稻？如果生产武器的话，是多生产一点大炮呢，还是多生产一点步枪？

如何配置资源这个问题贯穿了整个人类历史，自史前至今天。市场就是配置资源的机制之一。由市场决定资源如何配置的方式被称为市场经济。在市场经济下，每个人独立地做出使其消费满足程度最大化的决策，每个企业独立地做出使其利润最大化的决策。这些分散化的决策在价格机制的作用下协调。在价格机制的作用下，以利润最大化为目标的企业尽可能降低成本，按消费者的需要向市场提供产品，个人或居民作为劳动力的提供者，从自身利益最大化的原则出发向企业提供劳动力。总而言之，在市场经济下，按照利润最大化来决定生产什么，按照出价最高来决定分配给谁，按照成本最低决定如何生产。由于市场机制是自然演化出来的，不是人们自觉设计的，所以又被称为“看不见的手”。亚当·斯密在《国富论》中说：

每个人都力图用好他的资本，使其产出能实现最大的价值。一般说来，他既不企图增进公共福利，也不知道他能增进多少。他所追求的仅仅是一己的安全或私利。但是，在他这样做的时候，有一只看不见的手在引导着他去帮助实现另一个目标，尽管该目标并不是他的本意。追逐个人利益的结果，是他经常地增进社会的利益，其效果要比他真的想要增进社会的利益时更好。

亚当·斯密是第一个提出市场经济的学者，他的理论在他的祖国——英国获得了巨大的反响，英国也是第一个践行市场经济的国家。在整个国家里，政府开始推行自由经济。政府鼓励任何阶层的人发财致富，只要不违法，英国人可以做一切事情，政府都不会干涉。英国的工商业因此变得极为发达。近代的主要科学发现和科技发明都打上了英国的烙印，瓦特的蒸汽机，法拉第的电磁感应，达尔文的进化论，这其中都是以发达的工商业为基础的。国力也昭示着军事力量，滑铁卢战役中法国的失败几乎是必然的，因为法军穿的军装就是来自于他们的敌人——英国。英国后来建立起了广大的殖民地，形成了幅员达3000万平方公里，统治时间达200年的庞大帝国。为什么英国可以在如此之长的时间里统治肤色、文化、语言以及宗教各不相同的民族呢？为什么日本就无法建立稳固的殖民体系？市场经济就是答案。和日本的抢取豪夺不同，英国夺取一块殖民地以后，大多是和当地进行贸易，鼓励当地生产具有优势的产品，把殖民地纳入到英国的经济体系中。在这一体系中，英国固然有好处，但殖民地的居民也因为生产和贸易增加了收入，改善了生活水平。

20世纪90年代以来，市场经济成为绝大多数国家的选择。世界上90%以上的国家都宣布实行市场经济体制。可以说，没有市场这只手，就没有现代社会。市场化思维和市场经济对于中国尤其关键，它是传统国家治理理念向现代国家治理体系转变的助推器，将重塑国家体系，重建中国社会。

二 两只手都重要，缺一只手就孤掌难鸣

与市场的手相对应的是政府的手，就是由政府决定经济如何运行。世界上大概只存在比较好的东西和更好的东西，不存在最好的东西。市场经济就是个例子，这种机制刺激经济的发展，改善人民

生活的质量，提高资源利用的效率，但是也存在自己的缺陷。在市场经济体制下，经济有很多环节，任何一个环节的问题都会演化成整个经济的灾难，而每一个经济主体又是独立决策的，偶尔的错误怎么可能避免呢？因此随着经济的发展，政府对经济的干预逐渐成为人们的共识。但在政府如何干预经济上，人们形成了两种不同的观点：一种是国家只负责宏观调控，另一种则是国家掌管整个经济。

宏观调控是国家运用计划、法规、政策、道德等手段，对经济运行状态和经济关系进行干预和调整，把微观经济活动纳入国民经济宏观发展轨道，及时纠正经济运行中偏离宏观目标的倾向，以保证国民经济的持续、快速、协调、健康发展。

宏观调控起源于1929年大萧条。20世纪20年代，欧美国家自由经济发展到顶峰，经济在经过长达十几年的时间里快速发展，西方的政治家宣布“经济危机已经远离这个时代了”。1929年10月29日，纽约证券交易所里所有的人都陷入了抛售股票的旋涡之中。股指从之前的363最高点骤然下跌了平均40个百分点，此后，美国和全球进入了长达10年的经济大萧条时期。这场大萧条宣布了自由市场经济的末路。大萧条之后，人们检讨萧条的原因，发现危机的根源在于不受任何约束的市场，于是各个国家的政府都开始干预经济。美国成为第一个实行宏观调控理论的国家，罗斯福的“新政”通过扩大财政支出使美国走出了大萧条的泥淖。

后来，其他国家也纷纷使用宏观调控，事实上也取得了或大或小的成绩。某个哲人说过，真理往前一步就是谬误。这句话放在国家干预上非常合适。宏观调控理论下，国家对经济的干预是有边界的，是间接的，国家不能直接干预微观经济主体的经济决策，比如，不能要求企业必须生产什么，不能要求企业必须如何生产，不能要求消费者必须购买什么，不能要求银行必须向谁贷款。当国家突破这些边界向微观经济领域蔓延，国家干预的另一种形式——计划经济就产生了。《超级大国的崩溃——苏联解体原因探析》一书中讲道：

居民消费支出主要用于吃穿，这方面的支出比重远远高于西方发达国家。例如，苏联职工家庭消费支出结构中用于食品的费用占30%～35%，而发达国家一般只占10%～20%。苏联住宅建设和小汽车生产虽有一定发展，但是人均住宅面积和小汽车拥有量远远低于西方发达国家。1985年苏联全国人均住房面积为15平方米，而发达国家达到20～30平方米；苏联每百户家庭只有14辆小汽车，而发达国家为60～80辆。1990年苏联小汽车的产量为126万辆，而美国为605万辆，日本为995万辆；苏联工业产值为美国的60%，而小汽车产量只为美国的20%。随着新科技革命的兴起，苏联与西方发达国家的差距进一步拉大，在信息产品生产和服务方面苏联远远被抛在后面，个人电脑、远距离通信等极其落后。与信息化相关的消费类电子产品，如彩电、音响、录像机、摄像机等等，苏联也极其落后，除彩电外其他几种几乎都不能生产。随着关系解冻，经济开放，与西方的巨大反差一下子暴露无遗。

世界上最著名的计划经济就是苏联。在苏联一切都是计划的，从小麦到坦克，全都是政府决定的。苏联主管计划经济事务的机关是计划经济委员会，给大家说一个关于这个部门的笑话：

在苏联阅兵式上，步兵，炮兵，装甲兵，战略导弹部队，核武器部队依次出场，但在最后却走出几个西装革履的人，一个旁边观看的人问："这几个人是谁，能比核武器的威力还要大?"另一个人回答："计划经济委员会的，除了他们还有谁有这么大的威力把苏联经济弄得一团糟。"

三 闲不住和乱干预

虽然历史已经证明，市场的手在配置资源方面远远好于政府的手，但是政府的手总是忍不住要干预微观经济，政府的手直接开始干预产品的价格、企业的竞争和消费者的选择。李克强总理强调要“把错装在政府身上的手换成政府的手”。党的十八届三中全会决定提到的需要着力解决的问题就包括“政府干预过多”。

价格是市场经济的灵魂，是所有市场机制得以发挥的先决条件。按照市场经济的理论，价格应该由市场的供求关系决定。比如说，在一个社会里，如果一种商品供过于求，那么价格就应该下跌，以此刺激消费，减少供给；如果供少于求，那么价格就应该上涨，以此减少消费，增加供给。但是最近几年我们看到很多政府直接干预价格的事例，最明显的就是对绿豆、大蒜等价格的干预。2010 年，绿豆、大蒜等价格大幅升高，半年的时间里上涨了 3 倍有余，发改委强行制定这几种产品的价格，并以恶意囤积、哄抬物价等名义处罚了数家企业。在市场经济条件下，政府并非完全不可以干预物价，在紧急状况下或对一些基础性的战略性产品进行限价，但是对于和平时期的绿豆、大蒜这样的产品，政府干预未免有越俎代庖之嫌，而且也达不到降价的目的。

竞争是市场推动经济发展、生产率提高的主要动力。在市场经济中，竞争力强的经济主体得以脱颖而出，竞争力弱的经济主体被淘汰。在竞争中，各经济主体为获得超额经济利润，不得不加强产品创新、技术改进等措施。通常来说，只有非常特殊的情况下，政府才可以干预微观经济主体的竞争，比如说，微观经济主体勾结以牟取不正当的垄断利润。但是，在中国，政府干预竞争则是很普遍的。政府往往会给一些大企业、国有企业或知名企业特殊的帮扶，这些帮扶既是对其他企业的不公平，也会害了这些帮扶对象。2013年3月30日《金融时报》报道：

近日，江苏无锡尚德破产重组事件引发各界热议，曾经风光无限的新兴产业巨头为何会走到破产境地？产能过剩、信贷风险等都是人们反思的内容。尚德所从事的光伏行业是新兴产业，一直受到当地政府大力扶持，就在去年9月，无锡市政府还为其提供了两亿元贷款救助。当尚德最终由盛而衰的时候，地方政府对微观经济的“扶持”问题也有必要进行反思。

…………

政府过多“扶持”，会扭曲市场机制。有的企业本应稳健发展，却因政府“扶持”而盲目扩张；有的企业已没有发展前景，但政府仍通过“扶持”来注射强心针；有的企业没有创新能力，却靠吃补贴维持生存，这些都扭曲了市场机制，属于“把市场的手错装在了政府身上”。现在看，无锡尚德肯定不是因政府干预而倒掉，更可能是因过多的“扶持”而盲目发展，走向破产。

市场经济条件下，微观经济主体是购买决定的决策者，可以决定买什么，不买什么，以什么价位购买，购买多少。这种微观经济主体的自主决策权是个人和企业生存发展的基础。但是在中国，政府往往在国有企业的采购决定上有很大的决策权。2012年6月12日《中国经营报》曾报道：

郑州煤炭工业集团一位内部人士告诉记者，在4月河南多家大型企业召开了会议，要求政府加快2013年电煤合同签订的进程，强化电煤合同执行，同时希望政府出台相关政策，要求电力企业优先使用省内煤炭从而稳定煤炭价格。

随后5月，河南省政府就正式出台“煤电互保”政策。明确了“发电机组采购本省电煤量和发电量挂钩”的政策，具体内容为，根据发电单位基础电量占全省比例分摊确定基数，如果超基数采购

1万吨省内原煤，则奖励1000万千瓦时基础电量；而如果少采购1万吨省内原煤，则扣罚1200万千瓦时基础电量。

不过，虽然河南省内煤炭得到企稳，这却给陕西、山西、山东等外省煤炭造成困扰，这些省份运往河南的煤炭量急剧减少，省外煤基本上被堵死。

在这样的背景下，多个地方开始了本省煤炭的地方保护。

东西卖给谁，卖多少钱，这无疑是企业经营最基本的权力。然而，就是这样的权力，政府也要控制，可见政府对微观经济干预之深。各个地方政府以邻为壑，最终的结果是煤炭用户买不到最便宜的煤炭，煤矿企业卖不出最高价格，市场效率无从谈起。

四 削权和割肉

哈耶克在《个人主义与经济秩序》中指出：真正的个人主义不否认强制力量的必要性，但是都希望限制它，即把它约束在某些范围内，在这些范围内必须有其他人来制止强权，以便将其总量减少至最低限度。个人主义的基本原则，即：如果每个人都打算利用他所持有的知识和技能来促进他所关心的目标的实现，并且在这样做的过程中，如果他打算为超出他知识范围的需要作出尽可能大的贡献，那么很显然，他首先必须应该有一个明确规定的责任范围；其次，他能够取得的不同结果对他的相对重要性，一定要符合对与此关系极小的其他人的相对重要性，并且也要和他的活动的未知影响相一致。

面对政府之手干扰市场之手的难题，李克强总理给出了怎样的解决办法呢？削权，这就是李克强总理的答案。2013年3月17日李克强总理在答中外记者问时说："不是说政府有错位的问题吗？那就把错装在政府身上的手换成市场的手。这是削权，是自我革命，会很痛，甚至有割腕的感觉，但这是发展的需要，是人民的愿望。我们要有壮士断腕的决心，言出必行，说到做到，决不明放暗不放，避重就轻，更不能搞变相游戏。”相同的表态也见诸于其他领导人口中，中共中央政治局委员汪洋参加十二届全国人大一次会议安徽代表团全体会议时表示：“如果说30年前改革解决的是意识形态问题，那么现在就是利益问题，改革实际上就是拿刀割自己的肉，需要全体下决心，必须要坚定信心。”吴敬琏先生最担心的是在改革过程中，如果没有强有力的推动力量，将会受到既得利益集团的阻挠，吴先生呼吁，“我想希望中央的全面深化改革领导小组很快地工作起来，碰到这样有争议的问题，由他们来解释中央的决定，由他们做出决断”。实际上，在改革进程中，缺乏具有最高权威、强有力的顶层机构引导社会各界对改革的预期和正确理解，导致言出多头、政出多头，扰乱视听，扭曲社会各界对改革的预期和理解，增加对未来的不确定性和不安全感，比利益集团阻挠更可怕！在改革中，信心比黄金更重要。

在简政放权上，国务院作为最高行政机关是新一轮改革的倡导者。应当明确的是，放权的目的是为了实现政府科学、合理、规范的运作。不舍得放权往往是权力异化的结果，想通过审批权力获取不当利益，还有一部分人认为政府的主要职能就是使用行政审批的手段把职能范围内的事务管起来，这是计划思维的产物，与建设服务型政府的发展趋势可谓背道而驰。

中国的政府之所以过多地干预经济，挤占了本该是市场的空间，很大程度上就在于中国的政府太有权力。之所以发改委可以限制绿豆、大蒜的价格，就是因为中国的法律赋予了发改委临时干预价格的权力；之所以政府可以在企业的竞争中“拉偏架”，给予一些企业特殊的关照和帮扶，就在于政府有权随意动用财政资金，有权力左右银行的贷款流向；之所以政府可以要求本地的企业用本地的煤炭，就在于政府在当地的企业，无论是国企还是民企中，有强大的影响力。

因此，可以说解决了政府权力过大的问题，也就解决了政府干预微观经济，政府的手扰乱市场的手的问题。李克强总理指出削权是解决政府指挥经济、政府的手干扰市场的手问题的途径，这是一针见血地抓住了问题的本质。

李克强总理是这样说的，也是这样做的。李克强就任总理不久，2013 年 5 月，国务院发文《国务院关于取消和下放一批行政审批项目等事项的决定》，取消和下放了 117 项行政审批项目。其中作为中国经济大管家、干预微观经济事务最多的国家发改委取消和下放了 25 项投资审批项目。2013 年 6 月 28 日，国家发改委发布新闻，又取消和下放了 26 项行政审批项目，其中，取消行政审批项目 14 个，下放行政审批项目 12 项。在中央的带动下，各地方政府也纷纷取消干预微观经济事务的权力，如 8 月湖南省发改委下发了《关于进一步简化办事程序、归法审批行为的通知》，下放了 15 项审批权限；8 月 12 日，山东省政府发布新闻，决定取消行政审批事项 63 项，下放行政审批 56 项。实际上，简政放权已经成为党和政府的一项重要的方针政策了。《中共中央关于全面深化改革若干重大问题的决定》指出：

进一步简政放权，深化行政审批制度改革，最大限度减少中央政府对微观事务的管理，市场机制能有效调节的经济活动，一律取消审批，对保留的行政审批事项要规范管理、提高效率；直接面向基层、量大面广、由地方管理更方便有效的经济社会事项，一律下放地方和基层管理。

这种由上而下自我革命的削权方式主要依靠的是政府本身的自觉性，缺乏激励机制和制度保证，另一种长期以来行之有效的“削权方式”正在纳入李克强总理的视野——以开放促改革。2013 年 3

月27—29日，李克强总理在考察江苏、上海时称，中国改革开放的一大特点，就是改革与开放相伴随，在一定程度上是开放促改革，“今天看来，用开放促进新一轮改革，依然有很大的空间和动力。”“要以进一步扩大开放推动观念和体制创新，形成开放新格局。”以开放促改革是我国屡试不爽的方法，观察中国的各个经济行业，我们会发现，开放程度越高的行业，政府干预就越少；开放程度越低的行业，政府的干预就越多。外国资本成为改变中国市场上游戏规则，减少政府干预的有效力量。2013年8月31日《南方都市报》报道：

全国人大常委会第四次会议昨日作出决定，自2013年10月1日起，授权国务院在中国（上海）自由贸易试验区暂时调整有关法律规定的行政审批。

根据全国人大常委会第四次会议8月26日审议的草案，有四部法律的有关规定拟在上海自贸区暂停实施：在试验区内，对负面清单之外的外商投资暂时停止实施外资企业法、中外合资经营企业法、中外合作经营企业法等3部法律的有关规定，暂时停止实施文物保护法的有关规定。

党的十八届三中全会通过的《中共中央关于深化改革若干重大问题的决定》中，把市场所起的作用从“基础性”改为“决定性”，可见领导层对市场的重视。新一轮“市场化”，或者说“法治的市场经济”将再一次启程。在2016年政府工作报告中，李克强总理提出2016年重点做好的工作包括：“大幅放宽电力、电信、交通、石油、天然气、市政公用等领域市场准入，消除各种隐性壁垒，鼓励民营企业扩大投资、参与国有企业改革。在项目核准、融资服务、财税政策、土地使用等方面一视同仁。依法平等保护各种所有制经济产权，严肃查处侵犯非公有制企业及非公有制经济人士合法权益的行为，营造公平、公正、透明、稳定的法治环境，促进各类企业各展其长、共同发展。”

后　记

本书出版首先要感谢这个大时代赋予我们的生命力、思考力！

本课题小组的成员许鑫、叶仙等同仁做了很多工作，尤其是许鑫，在写作和材料方面作出了重要的贡献，特此致谢。

感谢付敏女士和路小虎先生、路龙龙先生。

感谢中共中央党校出版社曲炜女士、楚双志女士。两年前出版的《学习的力量：跟总书记读历史》同样得益于曲、楚两位老师的热情帮助与支持。

最后，深深拜谢阅读本书的读者朋友们！

路大虎

2016 年 5 月